Headhunting

헤드헌팅이란 무엇인가

저자
전용화, 강정대, 김인건, 김춘광

발행일 : 2020. 6. 25.
편집 : 아웃소싱타임스
인쇄 : 엠아이컴
출판 : 아웃소싱타임스

ISBN : 978-89-94818-16-0

값 19,500원

Headhunting

헤드헌팅이란 무엇인가

전용화
강정대
김인건
김춘광
• 공저 •

HR컨설팅(주)

전용화 헤드헌터 / HR컨설팅(주) 대표이사

- 학력
  고려대학교 법학과 / 고려대학교 경영대학원 MBA

- 주요경력
  국민투자신탁 WM팀장, 지점장
  D & V 컨설팅 대표

- 주요활동
  헤드헌터 교육프로그램 강의 진행 다수
  개인 및 기업체 경력개발 관련 컨설팅 및 자문 다수

강정대 헤드헌터 / HR컨설팅(주) 대표이사

- 학력
  숭실대학교 대학원 경영학 박사(Entrepreneurship 전공)

- 주요경력
  HR컨설팅(주)
  HR경영연구소

- 주요활동
  헤드헌터 양성 교육프로그램 운영기획 및 강의 다수
  재취업(전직)프로그램 취업 및 창업 강의 다수
  머니투데이 TV 출연(헤드헌팅직업소개) 2019

김인건 IN MED Co. CEO /
중앙아이피(주) 교육원장

- 학력

  숭실대학교 대학원 경영학 박사(Entrepreneurship 전공)

- 주요경력

  (재)중앙노동경제연구원 ESD 교육개발원 원장
  숭실대학교 벤처중소기업학과 겸임교수

- 주요활동

  고용노동부 직업능력개발 과정 개발 및 수행(10개 과정)
  공무원 혁신과정 개발 및 수행(5개 과정)
  경력단절여성 창 · 취업과정 개발 및 수행
  병원서비스 혁신과정 개발 수행
  기업체 조직역량강화과정 개발 수행
  헤드헌팅교육과정 공동개발(HR경영연구소)

김춘광 백석대학교 경상학부/혁신융합학부 부교수

- 학력

  숭실대학교 대학원 경영학 박사(Entrepreneurship 전공)

- 주요경력

  (주)TSP 중소 · 벤처경영전략 연구소 선임연구원
  중앙대학교 산업 · 창업경영대학원 겸임교수
  한국 소호(SOHO)진흥협회 서울지부 이사

- 주요활동

  한국사회적기업학회 부회장
  한국경영교육학회 편집위원
  서울시특별시 정책혁신 자문단
  한국경영학회, 한국창업학회, 한국경영교육학회,
  사회적기업학회 영구 회원

  논문 – 창업교육이 창업의도에 미치는 영향에서
  창업자기효능감과 창업동기의 이중매개모형 외 다수

알고보면 꽤 괜찮은 직업 헤드헌터!
도대체 어떻게 해야 성공할까?

1. 들어가며…

가끔 사무실에서 테헤란로를 물끄러미 내려다 볼 때가 있다.

서울하고도 강남의 중심도로 이름이 Iran의 수도인 테헤란로라는 사실이 문득 흥미롭게 느껴지기도 한다. 테헤란로를 다니는 무수히 많은 자동차와 분주히 어디를 가고 있는 많은 사람들의 모습에서 "이 사람들은 과연 어디를 향해가고 있는 것이며, 무슨 일을 하고 있을까?" 하는 궁금증이 일곤 한다. 우리나라의 직업의 수가 1만여 개라고 하니 정말 다양한 도구로 그들의 삶을 영위해 가고 있을 것이다. 어쨌든 먹고 산다는 것 자체가 숭고하다고 느끼는 필자는 저마다의 자리에서 열심히 살아가고 있는 많은 사람들을 보면서 삶에 대해 다시 생각해보곤 할 때가 있다.

헤드헌터라는 직업을 처음 들어보거나, 생경하게 느끼시는 분들이 많을 것이다. 헤드헌터는 기업에서 필요로 하는 인재를 searching, 섭외하여 고객사에 추천하고, 일련의 입사과정을 진행하여 채용을 시키는 역할을 수행하고, 이에 대한 댓가로 고객사로부터 수수료를 받는 직업이다. 헤드헌터라는 직업의 어원이나, 뉘앙스가 산뜻하지는 않지만,

우리 사회구조 속에 하나의 직업으로 자리 잡은 지 제법 많은 시간이 흘렀다. 현재 우리나라에서 헤드헌터로 활동하고 있으신 분들이 약 1만여 명 정도라 하고, 헤드헌터를 통해 이직을 진행하셨던 분들은 훨씬 많은 숫자일 것이니 직·간접적으로 헤드헌터를 접할 수 있었던 경우가 많았으리라 짐작된다.

필자도 헤드헌터라는 용어를 접한지는 제법 되었지만, 내 직업이 되리라는 생각은 하지 못했었다. 50가까운 나이에 우연찮게 접한 헤드헌터가 내 직업이 되고, 또한 좋은 서치펌을 만들어 성공적인 헤드헌터를 양성하고, 기업에 도움을 줄 수 있는 모범적인 서치펌을 만들어 보자고 HR컨설팅㈜을 설립한 지도 벌써 어언 10년 이상의 시간이 흘렀다.

10여년의 헤드헌터와 서치펌 운영을 돌아보며 아쉬운 것들이 참 많았다. 헤드헌터가 좋은 직업임에도 불구하고, 자격 제한이 거의 없고, 제대로 된 교육을 받지 않고 시작하다 보니 실패한 헤드헌터들이 양산되어 고객사나 헤드헌터를 경험한 사람들에게 좋지 않은 인식을 심어준 경우도 있어 무척 안타깝게 생각한다. 단순히 각자의 직무적 경험과 주먹구구식 헤드헌터 교육을 받고 출발한 헤드헌터들이 성공적인 헤드헌터가 되기란 쉽지 않다. 더구나 영세한 서치펌에서 열악한 시스템을 활용하여 성공하기란 더욱 어려운 일이다. HR컨설팅㈜에 소속되어 있는 헤드헌터들은 이 책에서 소개되는 HR컨설팅㈜의 교육 프로그램을 통하여 자체 우수헤드헌터 Award인 Honors Club에 전체 인원의 1/3이 가입될 정도로 입증된 프로그램이다.

한편 우리나라 서치펌은 설립요건이 너무 쉬워 난립 수준으로 파악된다. 정확한 통계는 없지만, 현재 1,000여개로 추산되는데 시장규모에 비하여 지나치게 많고, 대개 영세한 수준인데다 협회나 단체도 없다 보니 서치펌 운영에 대한 기준도 수립된 적이 없다. 이러한 상황이니 서치펌에서 제공하는 서비스가 만족스러운 수준에 도달하지 못하고, 고객사의 신뢰를 얻지 못하는 경우도 발생하고 있다. 그나마 고용노동부 산하기관인 고용정보원에서 인증하는 고용서비스 우수기관 인증제도가 서치펌에 대한 거의 유일한 검증제도이고, 인증을 받은 서치펌이 10여개 안팎이라는 사실이 서치펌 업계의 현주소이다(HR컨설팅은 고용서비스 우수기관인증을 2015년부터 2회에 걸쳐 인증을 받고 있다).

이러한 헤드헌팅 시장의 열악한 환경에도 불구하고, 좋은 인재를 구하기 위한 고객사의 Needs는 계속 증가하고 있으며, 직업의식을 가지고 최선을 다하고 있는 헤드헌터분들 덕에 우리나라 헤드헌팅 시장이 자리 잡아가고 있으며, 지속적으로 성장해 가고 있다. 현재 국내 헤드헌팅 시장규모는 대략 4,000억원에서 5,000억원 수준으로 추산된다. 이 시장은 기업의 인재전쟁이 지속되는 한 계속 성장할 것이며, 이에 따라 헤드헌터라는 직업 역시 미래가 밝다 하겠다. 이러한 사실은 여러 기관에서 조사한 미래 유망직업에 헤드헌터가 추천되는 이유이기도 하다.

2. 이 책에 대하여…

헤드헌팅 산업이 우리나라에서 발전하기 시작한지 20년 이상이 되었지만, 아직도 생소하게 여겨지고 있다. 또한 관련 연구나 서적 또한 미흡한 것이 현실이다. 이에 필자는 10여년 이상의 헤드헌터 경험과 서치펌을 경영한 노하우를 토대로 '직업인으로서 헤드헌터', '헤드헌팅 산업을 주도하는 서치펌 경영'에 대해서 이론적ㆍ실무적으로 충실하게 설명ㆍ분석한 서적을 통해 '서치펌 경영자', '현재 활동 중인 헤드헌터', '헤드헌터를 꿈꾸는 예비 기업가적 헤드헌터', '우수인재를 필요로 하는 고객사', '헤드헌팅 서비스를 활용해서 이직을 원하는 후보자' 등에게 조금이나마 도움이 되길 바라는 마음으로 이 책을 집필하기에 이르렀다.
그래서 이 책의 제목을 "헤드헌팅이란 무엇인가?"라는 가장 기본적 명제로 정하게 되었다.

3. 이 책의 특징은…

1. 일반인이나 헤드헌터를 지망하는 분들에게는 헤드헌터라는 직업이 무엇인지를 정확히 소개하고자 하였다.
2. 전직, 이직, 재취업을 원하는 후보자들은 어떻게 헤드헌팅 서비스를 활용해서 성공적인 전직, 이직, 재취업을 할 수 있는지에 대한 정보를 얻을 수 있게 하였다.
3. 고객사에게는 헤드헌팅 서비스를 활용해서 어떻게 우수한 인재를 적기에 스카우트 할 수 있는지에 대한 가이드 맵을 제시하였다.
4. 현재 활동 중인 헤드헌터들에게는 실무매뉴얼로 활용할 수 있도록 하였다.

▶ 1부에서는…

먼저 1장에서는 4차산업혁명의 시대에 적합한 인재상을 정리하였다. 헤드헌터의 가장 중요한 역할은 고객사의 Needs에 맞는 인재를 제공하는 것이기 때문에 기업들이 원하는 인재상을 정립할 필요가 있기 때문이다.

다음으로 2장에서는 헤드헌터와 서치펌에 대해서 대략적인 이해와 현황을 설명하였다. 헤드헌터가 어떤 일을 하는 직업이며, 어떻게 발전해 왔고, 직업적으로 어떠한 특징이 있는지, 향후 직업적 전망은 어떠한지 참고가 되리라 생각한다.

1부 마지막 3장에서는 헤드헌터로서 필수적인 Spirit & Mind-set에 대해서 정리하였다. 기존 기업가정신 이론과 헤드헌팅 업무 특성을 비교하여, '기업가적 헤드헌터를 최초로 정의하고, 그에 따른 이론적 토대를 정립', '헤드헌터는 어떤 Spirit & Mind-set을 갖추어야 하는지'에 대해서 기술하였다. 우리나라 헤드헌터는 서치펌이 제공하는 Platform에서 각자 비즈니스를 영위하는 1인 기업가라고 할 수 있다. 따라서 경영학적 관점에서 1인 기업가로서 헤드헌터가 갖추어야할 Sprit & Mind-set에 대해서 제시하였으며, 이러한 관점은 이 책에서만 볼 수 있는 수준 높은 특징이라고 하겠다.

▶ 2부에서는…

헤드헌터 실무 process에 대해서 상술하였다. 물론 이 파트는 실무적인 분야여서 일반인 독자에게는 이해가 되지 않거나 관심이 없는 분야일 수 있다. 그러나 현재 활동 중인 헤드헌터에게는 가장 중요한 파트라고 할 수 있다.

이 내용은 HR컨설팅이 10년 이상 실무에 적용해 온 프로그램이며, 성공적으로 다수 헤드헌터를 키워낸 매뉴얼이다. HR컨설팅만의 know-how 공개 여부에 대해 내부적으로 찬반의견이 있었지만, 충분히 표준화되지 않은 헤드헌팅 업계에 조금이라도 도움이 될 수 있다면 보람이지 않을까하여 공개를 결정하게 되었다.

물론 여기에 기술된 내용이 전부일 수는 없다. 더 깊이 들어가면 각 파트마다 수없이 많은 내용이 첨가될 수 있을 것이다. 그러나 기본적인 틀로는 충분할 것으로 판단한다.

▶ 3부에서는…

HR컨설팅에서 축적한 최근 4년간의 썩세스 사례(인재채용 성공사례)를 분석하여 유의미한 자료를 만들어 보았다. 사실에 근거한 헤드헌팅 케이스의 사례분석 자료는 아직까지 발표된 적이 없는 Live한 분석자료이다. 물론 책자의 특성상 공개하지 못하는 자료도 있어 아쉽지만, 나름 흥미로운 자료가 되리라 확신한다.

▶ 마지막으로 4부에서는…

HR컨설팅 소속 헤드헌터들이 지난 10년간 직접 체험한 실무에 관한 사례를 공모하였다. 수많은 성공 사례, 실패사례, 고객사 개척사례 및 기타 사례들이 있었지만, 지면의 제약으로 그 중 일부만을 엄선하여 수록하였다.

헤드헌터의 성공사례는 아기의 걸음마 연습과 같다고 생각한다. 아기들은 한걸음 전진하기 위해 여러 번 넘어진다. 그렇지 않으면 서서 걸을 수가 없는 것이다.

헤드헌터의 성공사례도 무수히 많은 실패를 겪어야 얻어지는 달콤한 결과이다. 그런 점에서 이 시간에 헤드헌터를 하고 있는 모든 분들께 감사와 존경의 마음을 보낸다.

4. 마치며…

처음에는 많은 의욕을 가지고 책을 만들고자 시작하였다.
그러나 책을 마무리 하면서 아쉬움이 남는 것도 부인할 수 없다.
첫술에 배 부를 수 없듯이 어찌 처음 쓴 책이 좋은 작품이 될 수 있으랴.
하지만 더욱 가다듬어 가면 나중에는 좋은 작품이 될 수 있다는 희망을 가지고, 부끄러운 마음을 용기로 바꾸어 이 책을 출간하게 되었다.

이 책에 대해서 많은 질책을 주신다면 발전의 밑거름으로 삼고, 격려를 주신다면 앞으로 나아가는 동력으로 삼겠다.

끝으로 이 책의 출간까지 산파 역할을 다해주신 HR컨설팅 강정대 대표님과 해박한 현업 경험과 지식을 책에 쏟아 부어주신 김인건 박사님, 이론적 뒷받침과 책의 틀을 만들어 주신 백석대 김춘광 교수님 세 분의 공저자께 머리 숙여 감사드린다.

또한 역경에도 불구하고 커다란 성취를 해가고 계신 HR컨설팅(주)의 모든 헤드헌터 분들과 HR컨설팅(주)이 존재할 수 있도록 도와주신 모든 고객사 분들께도 감사드린다.

이 책이 헤드헌팅 산업에 조금이라도 도움이 된다면, 큰 보람이라고 여기며 졸저에 많은 관심 가져주시길 바란다.

감사합니다.

– 테헤란로 사무실에서 저자들을 대표하여 전용화 씀 –

/ 추천사 1.

전용화 대표와의 오랜 인연 때문이었을까? 혹은 25년간 신문을 만들어온 신문쟁이로서의 전문성에 기인한 것일 지도 모르겠다. 그게 무엇이든 필자는 영광스럽게도 전용화 대표의 저서를 책이 발행되기도 전에 살펴볼 수 있는 영광을 부여받았다.

처음 초고를 받았을 때 가장 흥미로웠던 부분은 책의 제목이었다.

'헤드헌팅이란 무엇인가'

요즘 미디어나 출판사들이 제목장사를 한다는 비판을 받고 있는 경우가 적지 않다. 내용과 상관없이 자극적인 문구로 독자들을 현혹시키는 일종의 꼼수인 셈인데, 전 대표는 애당초 그런 식의 편법을 쓸 생각이 털끝만큼도 없었음을 보여주는 대목이다.

오랜 기간 알아온 그의 성정을 생각한다면 당연하기까지 한 부분이지만 그래도 책의 얼굴을 이렇게까지 담백하게 꾸민다는 것은 전문적인(?) 관점에서 본다면 쉽지 않은 일임은 자명하다. 화려한 껍데기보다는 충실한 컨텐츠로 승부를 보겠다는 것인데, 그의 그런 자신감이 부럽기까지 하다.

헤드헌팅이라는 기법이 국내에 도입된지 그리 오래지는 않아 아직 전문적인 학문의 영역으로 자리매김하지 못한 현 상황에서 전 대표는 그간의 경험을 이론에 녹여내 잘 풀어쓴 것 같다. 이 정도로 충실한 내용을 담고 있으니 '책 제목을 그렇게 정한 이유가 바로 이것'이구나 하는 생각이 절로 들었다.

공교히 구축된 헤드헌팅의 학문적 토양 위에 필드에서 획득한 자신의 지식을 조화롭게 녹여낸 그의 필력을 보는 일은 참으로 즐겁고, 또 유익한 시간이었음을 고백한다.

한편으로는 이렇게까지 자신의 노하우를 공개해도 되냐는 생각도 없지 않았다. 전 대표는 스스로 이 책을 현재 활동 중인 헤드헌터들이 실무매뉴얼로 삼을 수 있기를 기대한다고 밝혔는데, 그게 자신에게 크게 득이 될 것 같지 않아서 하는 말이다.

아시다시피 그는 'HR컨설팅'이라는 헤드헌팅 서치펌을 운영하고 있는 사람이다. 치열한 헤드헌팅 시장에서 경쟁을 이어가고 있는 중이란 뜻이다. 그런 그가 이렇게 자신의 노하우를 경쟁사의 헤드헌터들에게 아무런 대가없이 나눠주는 일이 쉬웠을까 하는 옹졸한 생각을 필자는 하고야 만 셈이다.

그도 모르지는 않았을 것이다. 그럼에도 책을 만들어내는 이유는 하나다. 헤드헌팅 산업을 좀 더 발전시켜 파이 자체를 늘리겠다는 대승적인 차원인 것. 전용화 대표라면 충분히 그러고도 남을 사람인 건 알지만 필자 같은 속인은 몇 번이고 망설였을 것이 분명하다. 그의 그릇 크기를 엿볼 수 있는 대목이다.

모쪼록 자신의 이익보다 모두의 발전을 먼저 떠올린 그의 진심이 보다 많은 이들에게 전해지기를 소망하며 그의 책에 수록된 많은 실무 정보들이 여기저기서 갈무리되기를 바라며 다시 한 번 전용화 대표의 저서 출간을 축하드린다.

김용관 아웃소싱타임스 발행인

오랫동안 창업과 관련된 연구를 진행해온 교수로서 기업을 창업하여 자리를 잡고, 유지, 발전시켜 성공까지 이르는 과정이 매우 어렵다는 것을 너무도 잘 알고 있다. 기업의 기본 속성 중 하나를 Going-Concern이라 하는 뜻은 어려움을 극복하고 견뎌내는 것이 바로 기업의 사명이라는 의미일 것이다. 따라서 창업에 관한 자문을 할 때 창업보다 더 중요한 것이 유지하는 것이라고 강조하는 이유이기도 하다.

그런 의미에서 HR 컨설팅(주)은 창업하여 10년 이상 유지, 발전하고 있는 기업으로서 성공적인 기업이라 평가할만하다.

그러한 HR 컨설팅에서 현장 경험을 토대로 성공 Know-how를 집약한 '헤드헌팅이란 무엇인가?'라는 책을 집필한 것은 큰 의미가 있다고 하겠다. 또한, 헤드헌팅분야는 산업의 역사가 어느 정도 있는데도 불구하고 현장 데이터를 학술적으로 분석한 자료는 많지 않아 연구자로서 아쉬웠는데 본 책을 통해서 이를 해소할 수 있게 된 것은 좋은 기회라고 생각한다.

특히, 창업에도 반드시 필요하다고 강조되는 기업가정신이 헤드헌터의 성공 요소라는 점도 흥미로운 지적이라고 생각한다.

이 책을 통하여 헤드헌터를 올바로 이해하는 계기가 되리라 확신하며, 헤드헌터로서 성공하고자 하는 분들뿐만 아니라 창업을 하고자 하는 분들에게도 많은 도움이 되리라 판단한다.

황보 윤 국민대 글로벌창업벤처대학원 교수 (전 한국벤처창업학회장)

지난 20여 년 전 글로벌기업 한국지사의 최고경영자로 처음 근무를 시작했을 때의 일이다.

대표이사 취임 후 얼마 지나지 않아 궁금한 일이 하나 생겼다. 당시 잘 나가던 대다수 외국계 기업들과 달리 비슷한 규모의 많은 우리나라 중소기업들은 늘 경영상 어려움을 호소하는 것을 보게 되었다. 단기간에 걸쳐 크게 개선될 기미가 보이지 않던 우리나라 기업들의 불리한 여건을 지켜보면서 한 가지 의문이 떠오르게 되었다. 탄탄한 경영기반을 구축하고 앞을 향해 내달리는 외국계 기업들과 늘 회사경영에 힘겨워하는 우리나라 중소기업들 사이엔 도대체 어떤 차이가 있는 것일까? 이 질문에 대한 답을 찾는데 그다지 많은 시간이 걸리지 않았다. 그것은 한 마디로 프로와 아마추어의 차이와 같은 것이었다. 여기서 깨달은 한 가지 분명한 사실은 직원 한 사람 한 사람의 프로정신과 경쟁력을 갖춘 막강한 능력과 실력이 바로 기업 경쟁력의 원천이라는 점이다.

외국계 기업의 직원으로 선발되기 위해서는 본인이 스스로 자신의 분야에 프로임을 입증해야 한다. 영업직이나 간부직의 경우 제품과 시장에 대한 전문적 지식, 직무관련 경험과 실적, 차별화된 능력 등은 기본적으로 요구되는 최소기준이다. 문제는 이러한 유능한 직원들을 어떻게 찾을 것인가이다.

많은 글로벌 기업들이 훌륭한 인재를 확보하는데 결정적 도움을 받는 곳 중의 하나가 바로 Head Hunter 또는 Executive Search Firm 등으로 불리는 인재소개 전문기업이다. 최고경영자로 근무하면서 유능한 Head Hunter의 역할이 얼마나 중요한지 경험으로 알 수 있었다.

지금은 대학에서 청운의 꿈을 안고 미래를 개척하는 청년들에게 '미지의 세계에 대한 도전정신'과 '포기하지 않는 정신'이 함축된 '기업가정신'을 가르치고 있다. 이번에 다년 간 전문 Head Hunter로서 일해 오셨던 분들과 현직 교수를 포함한 경영학계 전문가 몇 분들이 모여 그간의 경험과 연구로부터 축적된 지혜를 한 권의 책으로 묶어 출판하게 되었다.

인재확보에 목말라하는 우리나라 중소기업 사장님들에게 매우 귀한 참고서로 손색이 없을 것이다. 또한 이직이나 전직, 혹은 창직을 꿈꾸는 청년들이나 중견 인재들에게 어두운 밤바다를 밝게 비춰주는 등대와 같은 길잡이가 되어 줄 것으로 믿는다.

양준환 현) 단국대학교 교양교육대학교 부교수 /
전)한국엑츄언트(주) 대표이사

경제신문 기자로 오랜 기간 취재 현장을 누비며 다양한 산업분야에서 많은 기업과 기업인들을 만날 수 있었다. 글로벌 반열에 올라 있는 대기업이나 자기 분야에서 입지를 굳힌 기업들에게서 느끼는 자랑스러움도 컸지만 목표를 향해 실력을 갈고 닦으며 열정으로 달리는 강소기업들에게서 받는 감흥은 남달랐다.

헤드헌팅이라는 매력적이지만 모범답안이 없는 비즈니스에서 나름 성공적인 모델을 만들기 위해 악전고투하는 HR컨설팅(주)에서도 성공한 강소기업들에서 발견할 수 있었던 미래 잠재력과 치열한 성취 욕구를 느낄 수 있었다.

고객사의 인재 수요를 분석하기 위해 데이터 축적 및 관리에 공을 들이는 것은 기본이고, 해당 기업의 역사와 문화까지도 공부하는 모습에서 프로의 냄새를 맡을 수 있었다. 시의적절한 교육과 성공사례 공유를 통해 쌓아 온 소속 헤드헌터들의 자질과 실력은 스스로 일류임을 자부할 수 있는 수준에 이른 듯 해보였다. 정부로부터 받은 고용서비스우수기관인증은 덤에 불과할 뿐이었다.

그런 HR컨설팅(주)에서 현장감 넘치는 헤드헌팅에 관한 책을 집필했다는 것은 무척 반가운 일이다. 마치 유명 맛집의 비법을 TV에서 보는 것처럼 헤드헌팅의 성공 노하우를 간접 체험하는 재미가 느껴진다. 특히 실패사례까지 스스럼없이 공개한 점에서 집필의 진정성을 엿볼 수 있었다.

저자는 나름 정립한 헤드헌팅 이론과 실무 현장에서 직접 체험한 소중한 비즈니스 자산들을 정성스레 녹여 이 책에 담았다. 새로운 비즈니스 분야로 자리잡아 가고 있는 헤드헌팅에 관심을 갖고 있는 독자들에게 감히 일독을 권하는 까닭이다.

김상철 이투데이 대표

기업에서 인재 확보의 중요성이 계속 증가됨에 따라 기업의 필요한 인재를 찾아서 공급해 주는 헤드헌팅 산업은 더욱 전문화되고 중요한 산업으로 발전되어 갈 것이다. 우리나라 헤드헌팅 시장의 열악한 환경 속에서 헤드헌터의 역할과 사명감, 헤드헌팅의 know-how, 성공사례 등을 풍부한 경험을 바탕으로 집필한 이 책은 현재 활동중인 헤드헌터에게는 물론 인재를 필요로 하는 기업, 이직을 원하는 사람들에게 훌륭한 지침서가 될 것으로 확신한다.

헤드헌팅 산업 전반에서 다양한 전문성을 겸비한 중장년 시니어들이 그 뛰어난 능력과 창의력을 발휘할 수 있는 더 많은 기회가 창출되고 안정적인 고용환경이 조성되기를 기원한다.

신향숙 사단법인 시니어 벤처협회장

CONTENTS

CONTENTS

C O N T E N T S

Ⅲ. 헤드헌팅 Success 분석 자료

Ⅳ. 현직 헤드헌터에게 배우는 실무 사례

부록

표 차례

그림 차례

I

헤드헌팅
제대로
알아보기

1. 4차 산업혁명 시대의 인재상

1. 4차 산업혁명 시대의 인재상

4차 산업혁명으로 인한 기술변화, 발전 속도, 파괴성, 폭발성은 기업의 환경변화 예측과 대응책 마련을 어렵게 하고 있다. 변화속도를 예측하여 원하는 인재를 남보다 빨리 확보하고 양성하는 국가, 기업, 조직이 미래를 주도하게 될 것이라고 한다.

2016년 1월 세계경제포럼(WEF)에서 발표된 '일자리의 미래(The Future of Job) 보고서'는 기술의 발달로 기계가 인간의 일을 대체하여 일자리가 710만개가 사라지고 200만개가 새로 생겨날 것으로 전망했다. 또 다른 주장은 기술의 발달은 장기적으로 생산성 향상, 시장 확대, 신제품 개발, 새로운 수요 창출 등을 통해 총량적으로는 일자리가 늘어날 것이라고 했다.

2017년 8월 16일 출범한 '대통령 직속 4차 산업혁명위원회'에서는 "4차 산업혁명이란 인공지능, 빅데이터, 등 디지털 기술로 촉발되는 초연결 기반의 지능화 혁명 그 이상"이라고 개념을 정리하면서 "1차 산업혁명 이후 산업혁명 주기가 점점 빨라지고 있으며, 그 범위는 확대일로에 있고 영향력 역시 급속히 증가하고 있다."[1]고 하였다.

---

1) 제4차 산업혁명은 초연결(hyperconnectivity)과 초지능(superintelligence)을 특징으로 하기 때문에 기

2017년 한국과학기술연구원이 국내 매출액 상위 300대 기업을 대상으로 '인재상의 변화와 미래 과학기술 인재를 육성하기 위한 교육체계에 관한 기업의 인식조사'를 실시, 분석한 결과를 보면 기업이 원하는 인재의 수요대비 양성되는 인재가 절대적으로 부족하게 나타났다.

기업의 환경적응능력제고, 기업이 원하는 인재 확보 전략, 일자리의 소멸과 새로운 일자리의 생성, 이미 시작된 인재전쟁 등의 중심 연결축에 헤드헌팅이 있으며 앞으로 헤드헌팅의 중요성과 필요성은 갈수록 확대 가중될 것으로 보인다.

1.1. 시대, 산업, 인재상의 변화

시대, 산업의 발달에 따라 인재상은 계속해서 변화를 거듭하며 그 시대에 걸맞게 진화해 왔다. 인재상은 고정불변이 아닌 유기적이고 역동적인 생명체와 같다. 따라서 인재상의 변화는 생동적이고 유동적이며, 그 추이를 예측하기가 어렵다. 기업에서는 이러한 변화추이에 촉각을 세우고 미래전략을 세우는데 온갖 노력을 다하고 있다. 그 이유는 인재상이 기업의 핵심가치를 결정하는 중요요인으로 부상되고 있기 때문이다.

우리나라 기업들도 이러한 변화에 대응하여 그 시대 그 시점에 적합한 인재상을 역동적으로 정립해왔다. 실제로 대한상공회의소가 국내 매출액 상위 100대 기업을 대상으로 2008년부터 5년마다 인재상의 덕목을 조사한 결과들이 이를 반증하고 있다(〈표 1〉 참조).

존 산업혁명에 비해 더 넓은 범위(scope)에 더 빠른 속도(velocity)로 크게 영향(impact)을 끼친다(IT용어사전, 한국정보통신기술협회).

(1) 4차 산업혁명 시대 우리나라 기업이 원하는 인재상

대한상공회의소에서 2008년부터 5년마다 국내 매출액 상위 100대 기업을 대상으로 원하는 인재상을 조사·분석해오고 있다(표1). 2018년 조사·분석결과를 보면 '소통과 협력'을 인재가 갖춰야 할 역량으로 꼽은 기업이 63개사로 가장 많았다. '전문성'을 꼽은 기업은 56개사, '원칙과 신뢰'는 49개사, '도전정신'은 48개사, '주인의식'은 44개사, '창의성'은 43개사 순으로 나타났다. '열정'(33개사), '글로벌 역량'(31개사), '실행력'(22개사) 등도 뒤를 이었다.

'소통과 협력'이 급부상한 결과를 두고 대한상의 관계자는 "기업 내 소통에 심각한 문제가 나타나는 현상이 반영된 것"이라며, "최근 기업 채용에서 소통과 협력이 주요 역량으로 등장하는 이유"라고 말했다.

〈표 1〉 100대 기업 인재상의 변화(2008년~2018년)

구분	2008년	2013년	2018년
1순위	창의성	도전정신	**소통·협력**
2순위	전문성	주인의식	전문성
3순위	도전정신	전문성	원칙·신뢰
4순위	원칙·신뢰	창의성	도전정신
5순위	**소통·협력**	원칙·신뢰	주인의식
6순위	글로벌 역량	열정	창의성
7순위	열정	**소통·협력**	열정
8순위	주인의식	글로벌 역량	글로벌 역량
9순위	실행력	실행력	실행력

※ 출처 : 대한상공회의소

소통과 협력의 장애 요인에는 여러 가지가 있겠지만, 그중 한 직장에서 근무하면서 느끼는 세대 간 차이가 심각하다. 잡코리아와 알바몬이 '세대 간의 차이를 가장 많이 느끼는 세대는 어느 세대인가'를 성인 남녀 4,843명에게 조사한 결과 밀레니얼 세대가 1위로 나타났다. 이를 세대별 결과를 보면, 386세대(47.1%), X세대(38.0%), 베이비붐세대(36.8%)로 각 세대 모두 밀레니얼 세대를 1위로 꼽았다.

이들이 세대 차이를 느끼는 상황도 다소 차이가 있었는데, 전·후 세대의 경우 '사용하는 단어나 말투가 다를 때(22.8%)'와 '회식 등 친목도모 모임에 대한 견해 차이(21.1%)'를 가장 많이 꼽았으며, 베이비붐세대는 '커뮤니케이션 방법이 다를 때'와 '개인주의 성향'을 선택한 비율이 각각 20.6%로 공동 1위에 올랐다.

이외에 386세대는 '개인주의 성향(32.9%)'을 X세대는 '개인주의 성향(24.3%)'과 '사회적 이슈 등 일상적인 대화 주제가 다를 때(18.1%)' 세대 차이를 느낀다는 응답이 많았다. 타 세대들이 세대 차이를 가장 많이 느낀다고 응답한 밀레니얼세대가 세대 차이를 느끼는 순간으로는 '조직 중심 경향(17.7%)'과 '업무방식이 다를 때(16.0%)'가 각각 1·2위를 차지했다. 이러한 조사결과는 기업 내 '소통과 협력'에 대한 역량 강화를 위해서는 여러 측면에서 다양한 방법 검토하고 시도하여야 함을 일깨워주고 있다고 할 것이다.

▶ 대기업과 중소기업의 선호인재상은 다소 차이를 보인다.

다른 조사들에 의하면, 대기업과 중소기업의 선호인재상은 차이가 나는 것으로 나타나고 있다(〈표 2〉 참조).[2] 면접관이 뽑은 채용하고 싶은 지원자 특징에 관한 응답을 보면, 대기업 면접관들은 지원자가 지원하는 기업에 대한 분석 능력이 탁월한 것을 선호한 반면, 중소기업의 면접관들은 입사열정이 남달리 높은 지원자를 선호하는 것으로 나타났

---

2) 출처:잡코리아리서치 대기업과 중소기업의 선호인재상 2019.10.18.

다. 이는 대기업들이 '분석적 역량'을 토대로 문제를 해결해 나가는 반면, 중소기업은 '현장에서 문제를 해결에 필요한 역량과 열정'이 더 중요한 자원이 되기 때문인 것으로 해석해 볼 수 있다.

〈표 2〉 면접관이 뽑은 채용하고 싶은 지원자 특징(복수 응답률)

대기업 면접관	중소기업 면접관
지원기업 분석능력이 탁월한 자(20.8%)	입사 열정이 남달리 높아 보이는 자(44.8%)
친화력/대인능력이 높아 보이는 자(18.9%)	친화력/대인능력이 높아 보이는 자(37.9%)
전공분야 전문지식이 뛰어난 자(17.0%)	전공분야 전문지식이 뛰어난 자(29.3%)
도전정신과 모험심이 강한 자(15.1%)	조직력과 협업 능력이 뛰어난 자(29.3%)
입사 열정이 남달리 높은 자(13.2%)	지원한 기업 분석 능력이 뛰어난 자(27.6%)
창의력과 아이디어가 뛰어난 자(11.3%)	동종업계 인턴/직무 경험이 있는 자(19.0%)
'조직력/협업 능력이 뛰어난 자(9.4%)	외국어 실력이 뛰어난 자(19.0%)

※ 출처: 잡코리아 리서치

(2) 4차 산업혁명 시대 인재상이 갖추어야 할 핵심역량

▶ 2016년 세계경제포럼의 보고서에 의하면, 4차산업혁명 시대에는 '직무역량 안전성(Skills Stability)', '변화대처능력', '복합문제 해결능력', '인지능력', '컴퓨터/IT', 'STEM(Science, Technology, Engineering, Mathematics)' 분야의 지식이 필요할 것으로 예상했다.[3]

▶ 2017년 우리나라 정부의 미래인재위원회의 보고서에서는 4차산업혁명 시대의 인재상을 3가지 핵심역량을 가진 인재라고 정의하였다. 제시된 핵심역량은 '창의성 기반의 문제해결력', '기계와의 공생을 통한 대안도출능력', '기계와 협력하는 소통능력' 등 3가지이다.

---

3) 테크놀로지를 기반으로 하는 상품의 마케팅에서 예술적 요소를 가미한 것을 '데카르트 마케팅(Techart Marketing)'이라고 하는데, 이는 기술(Tech)과 예술(Art)의 합성어다. 4차 산업혁명을 이끌어갈 창의융합인재 양성을 위해 지금 학교에서는 이른바 'STEAM' 교육을 하고 있다. STEAM은 과학 · 기술 · 공학 · 수학을 통합적으로 가르치는 STEM 교육에 Art를 접목한 것이다. 또한 유럽이나 미국 등 선진국에서 창의적 프로젝트로 진행되는 과학과 예술의 접목을 SciArt(사이아트)라고 하는데 여기에도 예술이 들어간다.(4차 산업혁명시대의 미래교육 예측과 전망, 최연구)

▶ 이는 OECD가 1997년부터 제시한 생애 핵심역량과도 거의 같은 개념으로 볼 수 있다. 미래 사회에 갖춰야 할 3대 핵심역량은 '도구의 상호작용적 활용', '이질적인 그룹과의 사회적 상호작용', '자율적 행동'으로 변화하는 세상에서 '소통'과 '융합'을 통해 새로운 가치를 창출할 수 있는 기본 소양과 공동체 구성원으로서 다른 사람을 배려하는 가치를 강조하고 있다.

▶ 삼성경제연구소 신태균 연구원은 "남보다 빨리 인재를 확보하고 양성하는 국가, 기업, 조직이 미래를 주도하게 될 것"이라고 하면서 4.0인재의 중요성을 강조하였다. 4.0인재란 '문제를 스스로 해결하고 개척해나가는 개척형 인재'라고 정의하며, 필요역량('개념설계 능력', '플랫폼 능력', '질문 능력')과 필요자질(인성, 전문성, 창의성, 영성)을 제시하였다. 영성(Spirituality)이란 도전정신이나 위험감수성, 기업가 정신과 정신적 풍요로움이며, 영성은 그 인재가 가지고 있는 풍성한 정신세계의 합이라는 설명으로 종교성과 차이를 두었다.[4]

▶ 이민화 교수는 4차 산업혁명 시대 미래 인재상을 '생각을 넘어 상상을 만들어낼 수 있는 인재', '점과 점을 잇는 선을 연결하고 자신만의 면을 만들어 내는 인재', '기업가정신과 창의성을 가진 인재', '협력하는 괴짜(Cooperative Geeks)' 등으로 정의했다. 그는 집단창조성을 이끌 인재를 양성하기 위해 지금 우리 사회는 '협력하는 괴짜'를 양성할 수 있는 교육시스템이 필요하다고 역설하였다.

4차 산업혁명의 핵심 화두는 '융합', '초연결', '지능화' 등으로 회자되고 있다.[5] 이는 사람과 기계와의 협력과 소통이 필요한 시대가 도래하

---

4) [출처] [인사관리/HRM 관련 자료] 제4차 산업혁명은 4.0인재를 원한다. Valuse Consulting 2018. 9. 20.

5) 인공지능, 사물인터넷, 빅데이터, 모바일 등 첨단 정보통신기술이 경제·사회 전반에 융합되어 혁신적인 변화가 나타나는 차세대 산업혁명. 인공지능(AI), 사물인터넷(IoT), 클라우드 컴퓨팅, 빅데이터, 모바일 등 지능정보기술이 기존 산업과 서비스에 융합되거나 3D 프린팅, 로봇공학, 생명공학, 나노기술 등 여러 분야의 신기술과 결합되어 실세계 모든 제품·서비스를 네트워크로 연결하고 사물을 지능화한다. [네이버 지식백과], 제4차 산업혁명(IT용어사전, 한국정보통신기술협회)

였음을 의미한다고 할 것이다.

〈그림 1〉 과학과 예술의 결합 STEAM

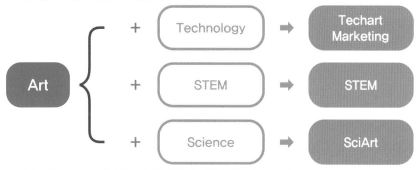

※ 출처: 최연구(2017), 4차 산업혁명시대의 미래교육 예측과 전망, 저자 재수정

(3) 미래 과학기술 인재육성에 관한 기업의 인식조사

2017년 한국과학기술연구원이 국내 매출액 상위 300대기업을 대상으로 '인재상의 변화와 미래 과학기술 인재를 육성하기 위한 교육체계에 관한 기업의 인식조사'라는 제목으로 설문조사를 실시하였다. 분석한 결과를 보면 다음과 같다.

첫째, 기업에서 4차 산업혁명을 선도할 과학기술 인재의 필요성이 증대
둘째, 기업이 원하는 미래 과학기술 인재상은 실전역량과 융합적 지식을 겸비한 인재
셋째, 다만 미래 과학기술 인재상의 가장 중요한 덕목은 여전히 인성
넷째, 미래 과학기술 인재를 양성하기 위한 우선 과제는 지식전달 중심의 학습에서 실전경험 중심의 자기 주도적 학습으로의 전환 확대[6]

---

6) 한국과학기술연구원 이정재, 서은영, 이원홍, 황덕규, ISSUE PAPER 2017-11 '기업이 바라본 미래 과학기술인재상 변화 및 시사점'

위의 분석결과를 보면, 첫째, 기업이 원하는 실전역량과 융합적 지식을 겸비한 인재에 대한 수요가 늘어나고 있으나, 양성되는 인재는 이를 따르지 못하고 있음을 알 수 있다. 둘째, 가장 중요한 덕목은 인성이다. 즉, 인성을 기반으로 스킬과 지식을 보유한 인재가 미래형 인재이다. 셋째, 미래 과학기술 인재를 양성하기 위한 우선 과제는 지식전달 중심의 학습에서 실전경험 중심 및 자기 주도적 학습으로의 전환 확대되어야 한다. 넷째, 현 교육과정에서 실전 문제 해결형 학습의 전반적 도입·활용하여 기업의 체감 정도를 높여야 함을 보여주고 있다.

이러한 결과는 기업이 원하는 인재의 수요대비 양성되는 인재가 절대적으로 부족하고, 기업은 새로운 인재 확보 전략을 세워나가야 할 것을 시사하고 있다. 즉, 새로운 인재전쟁을 예고하고 있어서 앞으로 헤드헌팅의 중요성과 필요성은 더욱 확대 가중될 것으로 전망된다.

1.1. 시대, 산업, 인재상의 변화 요약

시대, 산업의 발달은 유기적 변화 과정의 연속선상에 있으며, 우리나라 기업이 원하는 인재덕목 1위는 '소통과 협력'으로 조사되었다. 이는 사람과 기계와의 협력과 소통이 필요한 시대가 도래하였음을 의미한다. 특히 4차 산업혁명 이후 다음 산업혁명(5차…)으로 이어지는 혁명 주기가 더욱 빨라질 것이라고 한다. 변화가 빠를수록 기업에서는 그에 따른 핵심 역량을 갖춘 새로운 인재 수요가 늘어나게 된다. 따라서 수요에 따른 인재양성이 주목받고 있다. 그러나 한국과학기술원의 조사에 의하면 인재양성은 이에 따르지 못하고 있다. 수요 대비 육성인력이 부족하게 되면 이에 따른 기업 간 인재 확보 경쟁은 더욱 더 치열해질 것으로 예측된다.

이러한 흐름은 당분간 지속될 것으로 보이며, 이는 헤드헌팅업계에는 새로운 긍정적 기회를 제공하게 될 것으로 전망된다. 앞으로 기업의 인재 확보 연결의 중심점은 헤드헌팅이 자리할 것이며, 지금의 역할보다 중요해지고 더 많은 분야로 확장되어 갈 것이다.

"행복의 문은
하나가 닫히면 다른 문들이 열린다.
그러나 우리는
대개 닫힌 문들을 멍하니 바라보다가
우리를 향해 열린 문을 보지 못한다."

−헬렌 켈러−

Note

밀레니얼 세대[millenials]

밀레니얼 세대는 1980년대 초(1980~1982년)부터 2000년대 초(2000~2004년)까지 출생한 세대를 일컫는다. '밀레니얼 세대(millenials)'를 처음 언급한 것은 미국 세대 전문가인 닐 하우와 윌리엄 스트라우스의 저서 '세대들: 미국 미래의 역사(Generations : The History of America's Future. 1991)'에서였다.

◆ 밀레니얼 세대는 다음과 같은 여러 가지 별칭으로 불린다.

① 'Y세대'(1960년대 중반~1970년대 말 출생한 X세대의 다음 세대라는 의미)
② '테크세대'(Tech-Generation : 컴퓨터 등 정보기술(IT)에 친숙한 세대라는 의미)
③ '미-제너레이션'(me generation; 자기 위주로 생각하고 행동하는 자기중심적 세대)
④ '새천년 세대'(새로운 밀레니엄인 2000년 이후 트렌드를 이끄는 주역이라는 의미)
⑤ '요즘것들'(허두영(2018) 작가의 요즘 것들이라는 책에 나온 밀레니얼 세대를 칭하는 용어)

◆ 요즘것들(밀레니얼 세대)에 관심을 가져야 하는 세 가지 이유(허두영, 2018)

• 첫 번째, 소비의 주체로 급부상했기 때문이다. 실제로 많은 분야에서 트렌드를 주도하고 있다. 예를 들면, 요즘 여행 트렌드 중 하나가 바로 '소도시 여행'이다. 일본을 여행하더라도 '돗토리' 같은 익숙치 않은 작은 도시를 여행하는 것이다. 그렇게 밀레니얼 세대가 먼저 경험을 하고 나서, 블로그나 SNS를 통해 정보를 올리면 그걸 보고 기성세대도 관심을 갖게 되는 것이다.

• 두 번째는 많은 조직이 아직도 요즘 것들을 수용할 준비가 매우 부족하다는 것이다. 여전히 문화와 일하는 방식이 유연하지 못한 조직이 많고, 이는 변화와 성장에 큰 걸림돌이 되고 있다. 이게 바로 우리가 고민해야 할 숙제이다.

• 세 번째는 '요즘 것들'에 대한 연구와 관련 서적이나 자료들이 그 중요성에 비해 턱없이 부족하다. 반면에 미국에서는 산업 분야별로 깊게 분석하고, 사업과 정책에 반영하고 있다고 한다.

◆ 밀레니얼 세대의 특징

– 대학 진학률이 높고, 소셜네트워크서비스(SNS) 등을 능숙하게 사용하며 자기표현 욕구가 강하다.
– 이들은 온라인 쇼핑을 즐기고 게임을 하면서 과제까지 하는 멀티태스킹에 능숙하다.
– 건강과 식생활에 투자를 아끼지 않으며, 이전 세대와 달리 소유보다는 공유를 추구한다.
– 2008년 글로벌 금융위기 이후 사회생활을 시작해 다른 세대보다 물질적으로 궁핍해 결혼과 내집 마련을 포기하거나 미루는 특징이 있다.
– 맥주나 커피 식품 등 목돈이 들지 않는 품목에서는 소비를 줄이지 않았고, 개성을 극대화하는 부문에서 씀씀이가 두드러지게 나타난다.

◆ 밀레니얼 세대의 소비 특성

2018년 1월 기준으로 우리나라 밀레니얼 세대 인구는 약 1,450만 명, 전체 인구의 28%에 해당한다. 이는 생산가능인구(15~64세)의 약 38%에 해당하는데, BCG의 조사에 따르면, 소비 인구는 2017년 23%이지만, 2025년에 46%까지 증가할 것이라고 예상한다.

파이낸셜타임스(FT)에 따르면, 2018년 현재 밀레니얼 세대는 세계 인구의 4분의 1 수준인 18억 명에 달한다. 전문가들이 특히 주목하는 곳은 아시아 쪽이다. 중국의 밀레니얼 세대 인구는 3억 5100만 명으로 미국 전체 인구(3억 2900만 명)보다 많다. 전세계 밀레니얼 세대의 86%가 신흥국과 개발도상국에 치중되어 있다. 이들은 선진국의 밀레니얼 세대에 비해 미래를 훨씬 긍정적으로 보고, 자기표현과 소비에도 적극적이다.

밀레니얼 세대는 정치에 무관심한 듯 보이지만 부당하다고 느끼는 일을 바로 잡기 위해 행동하는 것을 주저하지 않는다. '미투'(MeToo · 성폭력 고발)와 '미넥스트'(MeNext · 총기규제 촉구) 시위가 대표적이다. 경기 침체에 빠진 유럽의 밀레니얼 세대는 투표권도 적극적으로 행사한다. 가디언(The Guardian)에 따르면, 2017년 보수당에 참패를 안긴 영국 총선에서 35세 이하 청년층 투표율은 2년 전 선거보다 12% 포인트 급증했다.

참고 : [네이버 지식백과]밀레니얼 세대[millenials](한경 경제용어사전)
〈요즘것들〉, 허두영, 사이다, 2018

헤드헌터의 눈

2018년 대한상공회의소에서 조사한 기업이 원하는 인재상의 덕목 1위는 '소통과 협력'이었다. 조사관계자들에 의하면 이는 기업 내 소통에 심각한 문제가 나타나는 현상이 반영된 것이며, 최근 기업 채용에서 '소통과 협력이 주요 역량으로 등장하는 이유'라고 했다.

직장에서 근무하면서 가장 세대 간 차이를 많이 느끼는 세대로 각 세대 공히 밀레니얼 세대를 꼽았다. 타 세대들이 세대 차이를 가장 많이 느낀다고 응답한 밀레니얼세대가 세대 차이를 느끼는 순간으로는 '조직 중심 경향(17.7%)'과 '업무방식이 다를 때(16.0%)'가 1.2위를 차지했다. 이러한 조사결과는 기업 내 '소통과 협력'에 대한 역량 강화를 위해서는 여러 측면에서 다양한 방법 검토하고 시도하여야 함을 일깨워주고 있다고 할 것이다.

Note

1.2. 직장 개념의 변화와 직업에 대한 인식 변화

HR컨설팅(주) 경영연구소는 최근 직장·직업에 대한 인식 변화 추이를 ①평생직장에서 평생 직업으로 의식의 변화 ②4차 산업혁명 시대의 도래로 인한 직업 개념의 변화 ③새로운 직업의 등장 및 유망 직업의 변화 ④1인 기업가 및 전문직 증가 등 4가지 흐름으로 정리하면서 헤드헌터가 유망 직업으로 부상하고 있다는 점을 강조하였다.

(1) 직장·직업에 대한 인식 변화 추이

① 평생직장에서 평생직업으로 의식의 변화
- 정년에 대한 보장이 사라지고 평균수명이 늘어남에 따라 직장에 대한 의식이 변화하고 있다.
- 평생직장의 개념이 평생직업의 개념으로 바뀌어 가고 있다.
- 우리나라 직장인의 한 직장 평균 근속 기간 5.3년, 상위 100대 기업 평균 근속 연한 10년 8개월
- 중소기업 신입사원 37.2% 조기 퇴사[7] : 2019년 국내 중소기업에서 채용한 신입사원 10명 중 4명 정도는 퇴사한 것으로 조사됐다.
- 직장인 근속기간 : 공무원 34.5%가 20년 이상, 비(非) 공무원 10~20년 이상 비율 9.5%, 나머지는 10년 미만 퇴직 (2016년 자료)

▶ 직장 가치관의 변화

세대별 직장에 대한 가치관이 달라지고 있는 것으로 보인다. 잡코리아와 알바몬이 함께 세대별 성인 남녀 4,843명을 대상으로 '직장의 가치'에 대해 조사한 결과, 밀레니얼세대 절반 이상은 좋은 직장이 성공의 필수요소라고 생각하지 않는 것으로 나타났다.

---

7) 잡코리아가 올해 신입사원을 채용한 국내 중소기업 678개 사를 대상으로 조사한 결과, 85.1%가 '채용했던 신입사원 중 퇴사한 직원이 있다고 답했다.(2019.06.14.)

먼저 '성공적인 삶을 위해 반드시 좋은 직장에 들어가야 하는지' 질문한 결과 고속성장과 경제개발의 주역인 베이비붐세대(1955~1963년생)의 경우 73.5%가 '그렇다'고 답해 다른 세대에 비해 직장의 가치를 가장 높게 평가하고 있는 것으로 나타났다.

다음으로 전후세대(1940년대~1950년대 초반생) 70.2%, 386세대(1960년대생) 55.0%, X세대(1970년대생) 51.9% 순이었으며, 밀레니얼세대(1980년대 초반~2000년대 반생)들은 46.4%만이 '성공적인 삶을 위해 좋은 직장이 필수'라고 응답해 직장에 대한 평가가치가 가장 낮은 세대로 조사됐다(〈표 3〉 참조).

〈표 3〉 직장가치관의 변화

	조기퇴직 사유		직장 가치관	
	조기퇴직 사유 응답률		Q. 성공적인 삶을 위해 반드시 좋은 직장에 들어가야 한다고 생각한다.	
1위	연봉 수준이 낮아서	42%	전후세대	70.2%
2위	직무가 적성에 맞지 않아서	32%	베이비붐세대	73.5%
3위	실제 업무가 달라서	26.5%	386세대	56.0%
4위	조직에 적응을 못해서	19.2%	X세대	51.9%
5위	대인관계가 원활하지 못해서	17%	밀레니얼 세대	46.4%

※ 출처 : 직장가치관의 변화 출처:잡코리아

② 4차 산업혁명 시대의 도래로 인한 직업 개념의 변화

▶ 일자리에 관한 전망

2016년 1월 세계경제포럼(WEF)에서 발표된 '일자리의 미래(The Future of Job) 보고서'는 기술의 발달로 기계가 인간의 일을 대체하여 일자리가 710만개가 사라지고 200만개가 새로 생겨날 것으로 전망했다. 그리고 현재 7세 어린이들 중 68%는 기술 진보로 인해 지금은 알려지지 않은 새로운 일을 하게 될 것이라고 예측하였다. 일자리가 사라지는 것은 비관적 전망이지만 새로운 일자리가 창출된다는 것은 낙관적 전망이라 할 것이다.

인터넷 연결기기와 인공지능이 결부된 기술진보에 의한 자동화는 과거와 다른 차원으로 전개되고 다양한 직업들의 '직무'를 변화시키고 있다. 이것이 로봇과 인공지능 기술이 발달하면서 인간의 '일자리'를 빼앗아 갈 것이라는 우려, 양질의 일자리마저도 로봇과 인공지능에 의해 대체될 것이라는 우려가 비관론적 입장이 제기된 배경이다.

하지만 직무가 대체된다고 해서 일하는 시간, 일하는 사람 수가 줄어드는 것은 아니다. 자동화로 생산성이 향상되면 같은 생산량을 생산하는 데에는 적은 인력이 필요하지만, 새로이 창출되는 수요로 인해 더 많은 생산량을 생산할 필요가 있게 되고(인간의 욕구는 무한해서 생산성이 향상되어 가격이 싸지면 새로운 수요가 창출된다.) 그에 따라 노동수요도 늘어날 수 있다. 역사적 과정에서 기술진보는 이러한 방향으로 작동했다는 것이 낙관론적 입장의 배경이다. 이 둘의 관점 즉 비관론적 입장과 낙관론적 입장을 나누어 좀 더 살펴보고자 한다.[8]

㉠ 비관론적 입장

비관론은 노동이 기계화·자동화 또는 디지털화로 대체되어 일자리가 줄어들어 대량실업이 사회적 문제가 될 것이라는 주장이다. 미래학자 제레미 리프킨(Jeremy Rifkin)은 '노동의 종말'을 예고하였고, '시스코(Cisco)'의 창업자는 '대기업의 종말'을 선언하였고, 그리고 토마스 프레이(Thomas Frey)는 '학교의 종말'을 각각 예측한 바 있다.

'미래를 경영하라'의 저자 톰 피터스(Tom Peters)의 예언에 의하면, 앞으로 15년 이내에 화이트칼라 직종 중 80%가 완전히 사

---

8) 고용정보원보고서 4차산업혁명과 미래일자리 전망 요약 2017년 12월.

라질 것이라고 예측하고 있다. 옥스퍼드 대학의 칼 프레이(Carl Frey)와 마이클 오스본(Michael Osborne) 교수의 보고서(2013)는 '20년 안에 수많은 전문직종이 컴퓨터화로 로봇과 인공지능에 의해 사라질 것'으로 예언하고 있다.

ⓒ 낙관론적 입장

낙관론은 기술 진보가 단기적으로는 일부 직종과 총 일자리에 부정적 영향을 줄 수 있겠지만, 장기적으로 보면 기술 진보는 공정 혁신을 통해 생산성을 높이고 시장을 확대하였으며 또한 신제품 개발을 통해 새로운 수요를 창출함으로써 총량적으로는 일자리를 늘려 왔다는 것이다. 30~40년 전과 비교해 보면 세상의 거의 모든 직업이 컴퓨터의 영향을 받았다.

하지만 30~40년 전의 직업과 현재의 직업사전을 비교해 보면 사라진 직업은 1%에도 미치지 않는다. 그리고 직업사전의 항목 수가 과거보다 줄어든 적은 없었다. 이를 볼 때 기술진보의 결과 없어진 직업보다 새로 생긴 직업이 더 많은 사실도 알 수 있다.

이민화 교수는 일자리는 늘 상생과 소멸을 반복해왔고 "신기술이 나타나면 인간의 역할이 줄어들 것이다. 그러나 그 시스템이 자리를 잡게 되면 인간은 새로운 욕구로 분배와 재교육을 통해 일자리를 만들어낸다. 이것이 인간 일자리의 역사이다"라고 강조했다. 이어서 일자리의 생태계가 변화할 것이며 4차 산업혁명시대는 팔방미인 모범생보다는 협력하는 '괴짜'가 성공한다고 말했다.[9]

기술이 특정 일자리를 없애는지의 여부는 그 일자리의 업무(task,

---

9) "수학(특정 과목) 과목은 100점이지만 나머지 과목에서 30점 이하의 낙제점을 받는 학생이 있다면 이 학생의 전체 평균은 30점일 것이다. 반면 모든 과목에서 골고루 80점을 받는 모범생의 전체 평균은 80점이다. 4차 산업혁명 이전에는 80점을 받는 친구가 모범생이지만, 4차 산업혁명에서는 아니다. 수학 능력만 뛰어난 사람과 과학 능력만 뛰어난 사람이 협업한다면 80점을 맞았던 모범생보다 더 큰 시너지효과를 발휘할 수 있게 된다.", 다시 말해, "한 분야에서만 뛰어난 괴짜들이 서로의 능력을 합친다면 핵심역량이 월등히 높아진다."는 것이다. 이민화 교수는 "4차 산업혁명의 인재상은 '협력하는 괴짜'이다."라고 했다.

activity)를 기술이 모두 대체하는지, 일부는 대체하더라도 일부는 보완하는지에 달려 있다. 기술과 보완되는 업무가 있다면 기술이 업무의 일부를 대체하더라도 보완관계에 있는 업무의 생산성은 증가한다. 그렇게 해서 해당 일자리의 생산성이 올라가면 그 일자리는 없어지지 않고 오히려 수요가 늘어날 수 있다.

맥킨지가 미국 내 802개 직업에 대해 직무를 분석하고 자동화에 의한 대체가능성을 살펴본 바에 의하면 800개 직업의 2,000개 작업 중 45%(2조 달러어치의 업무)가 자동화 가능한 것으로 조사되었다. 그 중 현재의 기술로 완전 자동화할 수 있는 직업은 5% 미만에 불과했다(Chui et al., 2015)[10]. 전체 직업의 50% 정도는 아직 컴퓨터나 로봇이 속수무책이고, 45%는 직무 일부를 자동화할 수는 있지만 전면적인 자동화는 어려운 영역이라면, 역설적으로 컴퓨터 혹은 로봇과 협업해서 생산성을 올릴 수 있는 직업이 대부분이라는 얘기도 된다.[11]

지금까지 일자리에 관한 비관론적 입장과 낙관론적 입장을 살펴보았다. 기술과 산업의 융·복합화가 가속화될수록 일자리에 관한 전망도 달라질 수 있겠지만 현시점에서 보면 초기에 비관론적 관점이 우세하다가 점차 낙관론적 관점이 우세해지고 있다고 할 수 있다. 이어서 일자리 생성과 소멸의 주요변수로 떠오르는 작업조직과 일하는 방식, 고용형태의 변화에 관심을 가지고 대처할 필요가 있다.

▶ 직업조직과 일하는 방식의 변화

신기술의 발달은 작업조직과 일하는 방식의 변화는 필연적으로 고용형태(employment status/type)의 변화를 가져올 것이다.

---

10) Chui, Michael, James Manyika, and Mehdi Miremadi(2015), "Four fundamentals of workplace automation," McKinsey Quarterly, November.

11) 허재준, 한국노동연구원 선임연구위원, 월간노동리뷰, 2017년 3월호, 4차산업혁명이 일자리에 미치는 변화와 대응.

디지털 기술의 발전으로 온라인 근무(모바일 근무, 원격근무)가 다양한 직종에서 증가하고 있다. 이에 따라 근무시간이 아닌 성과물로 평가받고 보상을 받는 시스템이 확산될 것이다. 그리고 디지털 기술의 발전으로 거래비용이 비약적으로 낮아지고 근로자의 실제 이동 없이 가상의 공간에서 협업이 가능해짐에 따라 생산 체계의 글로벌화가 촉진될 것이다. 기업은 외부자원(생산시설, 인력)을 저렴하게 이용하게 됨에 따라 아웃소싱 및 프로젝트 조직이 증가할 것이다.

4차 산업혁명으로 인한 일자리의 변화는 필연적이며 현재진행형이다. 다양한 직종이 사라지고 또 생겨날 것이다. 4차 산업혁명시대에는 인재를 남보다 빨리 확보하고 양성하는 국가, 기업, 조직이 미래를 주도하게 될 것이라고 한다. 기업은 인재확보를 위한 기업 간의 치열한 경쟁 상황에 놓이게 되고 이 상황의 중심 역할을 헤드헌팅이 맡게 될 것이라 확신한다.

③ 새로운 직업의 등장 및 유망 직업의 변화

기술과 산업의 융·복합화가 촉진되면 새로운 기술과 제품, 산업의 등장이 활발해지고, 이를 통해 신규 일자리가 창출되며 직업구조도 변화하게 된다. 신기술의 등장은 새로운 직업과 일자리를 탄생시키기도 하지만 기존 직종에서 역할이 확대되기도 한다. 즉, 신기술의 등장은 기술로 대체되는 직업이 발생하는 반면에 그 빈자리를 채우는 보완 직업이 동시에 등장한다.[12]

– 인공지능으로 대체하기 어려운 병목 업무
옥스퍼드 대학교의 칼 프레이(Carl Frey)와 마이클 오스본(Michael Osborne)의 연구에서 지각과 정교한 조작이 필요한 과업, 창의적 지성이 필요한 과업, 사회적 지성이 필요한 과업을 인공지능으로 대체하기 어려운 병목 업무로 상정하였다. 지각과 정

---

12) 고용정보원보고서 4차산업혁명과 미래일자리 전망 요약 2017년 12월

교한 조작이 필요한 과업은 공간변수에 익숙한 뛰어난 손재주 등을, 창의적 지성은 독창성이 필요한 순수예술 분야 등을, 사회적 지성은 협상, 설득, 대인관계, 의사소통, 다른 사람을 돌보는 일 등을 말한다. 인공지능에 의해서 대체되기 힘든 직업은 사람 간의 상호 의사소통, 협상, 설득 등 고도의 지적 능력이 필요한 직업이었다.

- 신기술 도입에 따른 직무 유형 변화는 새로운 직업 창출, 기존 직업의 병합, 축소, 확대, 소멸 등에 변화를 가져올 것이다.
- 신기술의 도입에 따른 근로자의 직무 유형 변화 경우는 다음과 같다.
    ㉠ 그대로 유지되는 경우
    ㉡ 완전히 기계로 대체되는 경우
    ㉢ 사람의 특성에 따라 그 비중이나 중요도가 커지는 경우
    ㉣ 업무 방식, 업무 내용이 변경되는 경우
    ㉤ 완전히 새로운 직무가 발생하는 경우

- 헤드헌팅 경우는 ㉢유형이라 할 수 있다. 따라서 그 비중이나 중요도가 점점 더 커져갈 것으로 전망된다.
- 고용정보원 자료에 의하면 2020년까지 유망 순위 중 직업 직업상담사 및 취업 알선업이 3위를 차지했다.
- 2019년 한국직업전망 고용노동부자료에 의하면 향후 10년간 헤드헌팅 취업자 수는 증가할 것으로 전망했다.

Note

④ 1인 기업가 및 전문직 증가(〈표 4〉참조)

    – 근무시간이 아닌 성과물로 평가받고 보상을 받는 시스템이 확산

    – 전문역량을 갖춘 1인 기업가(헤드헌터) 부상

    – 업무 지속가능성, 고수입 확보 가능성이 높은 직종 등장

    – 일부는 회계사, 변호사, 의사 수입을 능가

    – 최근 한국직업능력개발원에서 미래사회의 직업 7대 트렌드를 발표

〈표 4〉 미래사회의 직업 7대 트렌드

구분	직업발전
① 초연결 초지능화	인공지능 · 지능형로봇 · 사물인터넷 · 바이오기술 빅데이터 등 관련 전문가 성장
② 저출산 고령화	사회복지 · 보건의료 관련 직업의 발전
③ 글로벌화	수송 · 항공 · 국제회의 · 관광 · 컨벤션 · 전시회 관련 직업 등
④ 자원경쟁과 지구온난화	재생에너지와 환경관련 직업
⑤ 소비의 고도화	건강, 미용, 오락 취미 등 일상생활에서 질 높은 서비스를 제공하는 직업 등장
⑥ 위험의 일상화	안전 · 보안 관련 산업과 직업의 등장
⑦ 하이터치 시대	예술 · 오락 · 여행 · 식품 및 외식 · 콘텐츠 관련 직업의 발전

※ 출처 : 매일경제 2018.09.13. 한국직업능력개발원 진로정보팀장 한상근

→ 이러한 흐름에서 '헤드헌터'가 '유망 직업'으로 떠오르고 있다.

(2) 헤드헌터가 유망 직업으로 떠오르는 이유

① '직업 트렌드 변화'에 부응

    – '평생직장시대'에서 '평생직업시대'로

    – 전문직', '업(業)'의 부상

② '1인 기업가'로서 헤드헌터

- 해고가 두렵지 않다

- 일반 창업에 비해 실패 위험이 적다

- 비교적 안정적이고, 지속 가능

③ '경력 단절 위험' 감소

- 자신의 경력을 기반으로 한 전문성 확보 및 활용 가능

- 능력에 따라 고소득 보장

- 지속적인 자기계발

- 근로자 평균 근속기간 단축에 따른 잦은 이직으로 헤드헌팅 필요성 증가

④ 사례: HR컨설팅㈜ 헤드헌터 성과분석 비교

▶ HR컨설팅㈜ 소속 헤드헌터의 실적

- 2017년 현재, 경력 1년 이상 헤드헌터 30명의 평균 실적(수수료 기준, 이하 같음)은 6천 5백 만원

- 상위 10명의 평균 실적은 1억 2천 4백 6십 만원

- 2018년 현재, 경력1년 이상 헤드헌터 26명 평균 실적 8천 9백 5십 만원

- 상위 10명의 평균 실적 1억 4천 7백 2십 만원

(개인 수입은 HR컨설팅의 개인별 실적 분배율 기준을 적용하여 계산)

(※ 출처 : HR컨설팅(주))

** 통상 업계 평균 : 약 8,000명의 헤드헌터 1인당 평균 매출 4천 만원

(사람인 공시자료)

(3) 헤드헌터 양성의 필요성 대두

HR컨설팅 경영연구소에서는 헤드헌터 양성의 필요성을 다음과 같

이 제시하고, 헤드헌터 양성 위한 교육프로그램을 개발하여 헤드헌터 양성교육을 실시하고 있다. 이하는 HR컨설팅 경영연구소가 제시한 헤드헌터 양성의 필요성을 정리하였으며, 이를 알기 쉽게 시각화 한 것이 〈그림 2〉 이다.

〈그림 2〉 헤드헌터 양성의 필요성

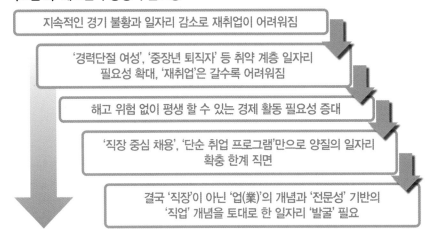

지속적인 경기 불황과 일자리 감소로 재취업이 어려워짐

'경력단절 여성', '중장년 퇴직자' 등 취약 계층 일자리 필요성 확대, '재취업'은 갈수록 어려워짐

해고 위험 없이 평생 할 수 있는 경제 활동 필요성 증대

'직장 중심 채용', '단순 취업 프로그램'만으로 양질의 일자리 확충 한계 직면

결국 '직장'이 아닌 '업(業)'의 개념과 '전문성' 기반의 '직업' 개념을 토대로 한 일자리 '발굴' 필요

'업(業)'의 개념 + '전문성' + '평생 직업'이 모두 가능한 직종 필요 → 헤드헌팅

※ 출처 : HR컨설팅 부설연구소

① 왜 헤드헌터를 양성해야 하는가?

- 지속적인 경기불황과 일자리 감소로 재취업이 어려워짐
- 해고 위험 없이 평생 할 수 있는 경제 활동 필요성 증대
- '직장중심 채용', '단순 취업프로그램'만으로 양질의 일자리 확충 한계 대안
- 결국, '직장'이 아닌 '업(業)'의 개념과 '전문성' 기반의 '직업' 개념을 토대로 한 일자리 '발굴'이 절실
- '경력단절 여성', '중·장년 퇴직자' 등 취약계층의 일자리 필요성 확대
- 퇴직 이후 '재취업'이 갈수록 어려워짐
- 업(業)의 개념과 전문성 그리고 평생 직업이 모두 가능한 직종으로 헤드헌팅이 적합

② 헤드헌터 양성을 위한 교육의 필요성

- 헤드헌팅 시장의 성장가능성에 따른 대응
- 유능한 헤드헌터양성 필요성에 부응
- 체계적 교육과 진입 통로 제공
- 실전에 바로 적용 가능한 실무 중심 교육 제공

③ HR컨설팅(주) 헤드헌터 양성 교육의 특징

- 시장 부응형 교육 제공
- 실무 중심형 교육 및 높은 실전 적응성 제공
- 체계적 교육 및 직업의 신규 진입 통로 제공
- 실전에 바로 적용 가능한 실무 중심 교육
- '입문과정'과 '전문과정'으로 세분화 된 단계별 교육 제공
- 사례, 동영상, 실습 등을 활용한 참여형 교육 제공

④ 사례 : 교육시간표

- 아래 그림은 HR컨설팅(주)에서 인재양성을 위해 수행하고 있는 다수 교육프로그램 중 헤드헌터 양성을 위한 교육프로그램 하나를 사례로 제시한 것이다. 교육은 모두 3일에 걸쳐 이루어지는 교육프로그램에서 1일차에는 '헤드헌팅 시장과 직업 자체에 대한 이해', '전문가로서 헤드헌터가 가져야 할 직업정신' 등 현황과 배경, 이론 및 mind-set에 대해서 다루고, 2일차에는 실질적인 '헤드헌팅 업무처리 Process'를 중심으로 '실무 처리 방법'에 대해서 다루고 있다(〈그림 3〉 참조).

현재 HR컨설팅(주) 경영연구소에서는 사례로 제시한 과정 이외에도 각 단계별 수준에 맞는 헤드헌터 전문 교육을 실시하고 있으며, 헤드헌터 양성과정 및 취업 과정을 연구, 개발하고 있다. 이를 위해, 대상에 따른 맞춤형 교육을 실시하기 위해 산업 분야별 전문 헤드헌터와 학계 전문가 네트워크를 구성하여, 지속적인 프로그램 개발 및 보완을 해 나가고 있다.

〈그림 3〉 사례:헤드헌터 교육시간표

시간	1일차	2일차	3일차
9:00	오리엔테이션	헤드헌터 업무 Process의 이해 1	고객사 개척 방법 및 사례(사례1)
10:00	취업시장 트렌드의 이해		
11:00			
12:00	중식	중식	중식
13:00	헤드헌터 직업의 이해	헤드헌터 업무 Process의 이해 2	고객사 개척 실무 (사례2)
14:00			
15:00	헤드헌터 직업 및 직업정신		후보자 추천하기
16:00		헤드헌터 전문 용어	후보자 면접 안내
17:00	과정 정리	과정 정리	과정 정리

※ 출처 : HR컨설팅

좋은생각

참 행복이란

다른 이의 삶이 행복해 보일지라도 부러워하지 마십시오.

모든 곳에 그리고 누구에게나 괴로움은 있게 마련입니다.

내가 찾아야 할 것은

다른 이의 행복이 아니라 온전한 나의 행복이어야 합니다.

세상에서 가장 행복한 사람이 아니라

그저 행복한 사람이 되는 것이 참 행복의 길입니다.

−허 주−

1.2. 직장 개념의 변화와 직업에 대한 인식 변화 요약

⑴ 직장 · 직업에 대한 인식 변화 추이를 평생직장/평생직업, 4차 산업혁명 시대 도래로 인한 직업 개념의 변화, 1인 기업가 및 전문직 증가 등으로 구분 정리하였다.

① 평생직장에서 평생직업으로 의식 변화에서는 '정년(retirement age)'의 붕괴에 따른 우리나라 평균근속기간(5.3년) 변화 및 세대별 직장 가치관의 차이 등을 다루었다.

② 4차 산업혁명 시대의 도래로 인한 직업 개념의 변화에서는 일자리에 관한 전망을 비관적 측면/낙관적 측면, 두 측면으로 나누어 보았다. 먼저 노동이 기계화 · 자동화 또는 디지털화로 대체되어 일자리가 줄어들어 대량실업이 사회적 문제가 될 것이라는 비관적 우려와 학자들의 주장들을 요약하고, 이와는 다르게 기술 진보가 단기적으로는 일부 직종과 총 일자리에 부정적 영향을 줄 수 있겠지만, 장기적으로 보면 기술 진보는 공정혁신을 통해 생산성을 높이고 시장을 확대하였으며 또한 신제품 개발을 통해 새로운 수요를 창출함으로써 총량적으로는 일자리를 늘려 왔다.

기술이 업무 중 일부분을 대체하더라도 보완관계에 있는 업무 생산성은 오히려 증가하게 될 것이며, 그렇게 해서 해당 일자리의 생산성이 올라가면 그 일자리는 없어지지 않고 오히려 수요가 늘어날 수 있다. 즉, 신기술의 등장은 기술로 대체되는 직업이 발생하는 반면에 그 빈자리를 채우는 보완 직업이 동시에 등장한다는 낙관적 전망을 다루었다.

③ 새로운 직업의 등장 및 유망 직업의 변화에서는 신기술 도입에 따른 직무 유형에 따른 새로운 직업 창출, 기존 직업의 병합, 축소, 확대, 소멸 등을 설명하였다.

④ 1인 기업가 및 전문직 증가에서는 근무시간이 아닌 성과물로 평가받고 보상을 받는 시스템의 확산에 따라 전문역량을 갖춘 1인 기업가들이 늘어나고 있다고 보았다.

⑵ 다음으로 '헤드헌터가 유망 직업으로 떠오르는 이유'를 차례로 들었다. 이를 구체적으로 살펴보면 다음과 같다.

① '평생직장시대'에서 '평생직업시대'로 직업 트렌드가 변화하고 있다.

② '1인 기업가'로서 헤드헌터 위상이 정립되어가고 있다.

③ '경력 단절 위험'을 해소할 수 있다.

④ 고소득을 얻을 수 있다.

이상의 이유들을 근거로 헤드헌터가 유망 직업으로 떠오르고 있음을 내세웠다.

(3) 마지막으로 헤드헌터 양성의 필요성 대두 파트에서는 다음과 같은 내용을 다루었다.
  ① 헤드헌터를 양성해야 하는 이유를 재취업의 어려움 타개, 해고 위험 없는 평생 경제 활동 필요성, 경력단절 여성 등을 위한 전문성 기반의 직업인 양성, 업의 개념과 전문성 그리고 평생 직업이 모두 가능한 직종으로 헤드헌팅이 적합함을 들어 설명하였다.

  ② 헤드헌터 양성 위한 교육의 필요성에 대해서 논의하였다.

  ③ HR컨설팅 헤드헌터 양성교육의 특징에 대해서 다루었다.

  ④ HR컨설팅(주)의 헤드헌터 양성과정 교육시간표를 살펴보면서 실제 교육의 사례를 간략히 다루었다.

Note

고사(故事) 속에서 발견한 헤드헌팅의 시작…

유비의 삼고초려[三顧草廬]

▶ 국어사전에서는 '삼고초려'라는 말을 다음과 같이 설명한다.

　① 인재를 맞아들이기 위해 참을성 있게 노력함
　② 중국 삼국 시대에, 촉한의 유비가 난양(南陽)에 은거하고 있던 제갈량의 초옥으로 세
　　 번이나 찾아갔다는 데서 유래한 말

▶ 한자 사전에서도 이와 비슷하게 설명하고 있는데, 유비가 제갈공명을 세 번이나 찾아가
군사(軍師)로 초청한데서 시작된 것으로 보고 다음 두 가지로 의미를 설명하고 있다.

　① 임금의 두터운 사랑을 입다.
　② 우수한 인재를 얻기 위해 참을성 있게 힘씀

▶ '삼고초려'의 유래

'삼고초려'라는 말은 삼국지 촉지편 제갈량전에서 유래했다고 한다. 후한 말엽에 유비,
관우, 장비가 도원결의를 통해 의형제를 맺고 한실 부흥을 위해 군사를 일으켰다. 그러
나 막상 군의 기강을 확립하고 전술·전략을 세워 군을 통솔할 뛰어난 군사(軍師)가 없
어, 항상 조조 군에게 고전을 면치 못하고 있었다고 한다.

유비는 뛰어난 군사(軍師)를 모시기 위해 그의 은사인 사마휘에게 지략에 뛰어난 인물
천거를 요청하지만, "복룡이나 봉추 중 한 사람만 얻으시오."라고만 하고 두 인물에 대
한 구체적인 대답을 하지 않았다고 한다.

그 후 유비는 정치적 포부를 실현할 인재들을 맞아들였는데, 그중의 하나가 서서(徐庶)
였다. 어느 날, 서서가 유비에게 "양양성(襄陽城)에서 20리 떨어진 융중(隆中)이라는 마
을에 천하에 보기 드문 재능을 가진 선비가 있는데 그분의 성은 제갈(諸葛)이고 이름은
양(亮), 자는 공명(孔明)입니다. 이분은 경천위지(經天緯地)의 재능을 가지고 있어 세인

들은 그를 '와룡(臥龍)'이라고 부릅니다."라고 말하였다. 유비가 그토록 갈망하던 인재 중의 인재를 천거한 것이다.

사마휘가 대답을 흐린 '복룡'이 바로 제갈량의 별명이었던 것이다.

유비는 관우와 장비와 함께 수레에 예물을 싣고 양양 땅에 있는 제갈량의 초가집을 찾아갔다. 그러나 제갈량은 집에 없었다. 며칠 후 또 찾아갔으나 역시 출타하고 없었다. 마침내 동행했던 관우와 장비의 불평이 터지고 말았다.

세 번째 방문을 하려고 할 때, 관우와 장비는 극구 만류하였지만 유비는 단념하지 않고 홀로 길을 나섰다. 그 열의와 성심에 감동한 제갈량은 유비를 공손히 맞아들이고, 다년간의 연구를 통해 얻은 정치적 견해와 천하를 통일할 전략 방침을 이야기 해 주었다.

제갈량의 분석에서 광활한 정치적 전경을 내다보게 된 유비는 제갈량에게 자신들을 도와 달라고 재삼 청했다. 유비의 성심에 감동한 제갈량은 흔쾌히 유비를 따라나섰다. 그 때부터 제갈량은 자신의 재능과 지혜를 다해 유비를 보좌했고, 그 덕분에 유비는 한 지역을 차지하고, 자신의 정치적 포부를 실현해 나가는 역사적 행보를 시작할 수 있게 된 것이다.

제갈량은 유비의 군사가 되어 적벽대전에서 조조의 100만 대군을 격파하는 등 많은 전공을 세웠다. 그 후 유비는 제갈량의 헌책에 따라 위나라의 조조, 오나라의 손권, 유비의 촉한으로 천하를 삼분하고 마침내 한실의 맥을 잇는 촉한의 황제에 오르게 되었고, 제갈량은 재상의 자리에 올랐다.

참고 : HR컨설팅에서 '제갈량과 삼고초려'를 재구성.
참고문헌 (네이버 국어사전. 한자사전. 지식백과.
제갈량과 삼고초려(중국상하오천년사, 2008. 4. 25., 풍국초, 이원길)

헤드헌터의 눈

이 이야기에서 사람들은 유비가 제갈량을 삼고초려 한 것에 주목하지만 헤드헌터의 관점에서 보면, 사실 그 둘 사이에 중요한 연결자의 역할을 한 '서서'가 있었음을 주목하게 된다. 아무리 유능한 인재라도 고객사가 모든 것을 다 알 수 없고, 모든 곳을 다 찾아 볼 수 없다. 이 때, 고객사를 대신해서 유능한 인재를 찾아내고, 고객사에 추천해 주는 '연결자'의 역할을 수행하는 전문가가 바로 헤드헌터인 것이다. 유비가 제갈량을 알아보고 삼고초려 한 것도 훌륭한 일이었지만, 그가 제갈량에게 삼고초려를 할 계기를 만들어 준 '서서'의 역할이야말로 더욱 중요한 일이었고, 그가 바로 오늘날의 헤드헌터라고 할 수 있다. 이것이야말로 동양의 고사 속에서 우리가 찾아낸 헤드헌팅의 시초이자 출발이라고 볼 수 있겠다.

Note

1.3. 최근 국내 취업 시장 트렌드의 변화

HR컨설팅(주) 경영연구소에서는 최근 국내 취업 시장 채용트렌드의 중심이 정기적인 공개채용에서 직무별 상시채용으로 이동하고 있다고 전망하였다. 이는 기업환경이 급변하고 있으며, 기업들의 대응도 신속하게 이루어져야 하는 시장상황의 변화에 의한 것이다. 그러한 흐름은 다음과 같은 측면에서 새로운 변화의 동력이 될 것이라고 내다 보았다.

▶ '직무별 상시 채용 시대'의 도래

    – 기존의 범용인재 채용방식이 핵심인재 채용방식으로 변화

    – 인재 채용 시 'Generalist'에서 'Specialist'로 직무 중심의 트렌드 변화

    – 주요 대기업 중심 정기공채 축소 ,직무별 상시채용 확대

▶ 직무별 상시 채용에 따른 새로운 변화: 평생직업 시대 서막

    – 노동시장에서 '평생 계약 붕괴', '평생직업 시대' 도래

    – '채용기간' 단축(공채 시, 평균 4～5개월 → 헤드헌팅 활용 시, 1～2개월)

▶ 평생직장인'에서 '평생직업인'으로 패러다임 전환

    – 직장 이동은 활발해지고, '고용불확실성'은 증대

    – 직무역량을 갖춘 우수인재 발탁능력(헤드헌팅) 중요성 증대

이를 토대로 최근 국내 취업 시장 트렌드 변화를 '채용 트렌드 영향 요인', '직무별 상시 채용 시대'의 도래, '직무별 상시채용에 따른 새로운 변화' 등으로 나누어 살펴보고자 한다.

(1) 채용 트렌드 영향 요인

채용과 관련해서 보도된 기사들에 의하면, 2019년은 금융권·공공기관 채용 비리 사태, 최저임금 인상, 주52시간 근무제 도입 등에 의해

서 기존의 근무 조건과 채용여건이 변화함에 따라 채용 및 노동 시장에 많은 변화를 주게 될 것으로 전망하였다. 이를 참고로 향후 예상되는 변화에 대해서 다음과 같이 요약 · 정리하였다.[13)]

① 금융권 · 공공기관 채용 비리 근절과 공정한 채용 시스템 구축

㉠ AI 도입의 지속적 확대

채용과정에 AI 도입이 확산되고 있는 이유는 사람이 아닌 AI를 통해 보다 효율적이고 공정한 채용 시스템을 구축하려는데 있다. 지난해부터 대기업과 특히 IT 주요 기업들이 AI 면접을 꾸준히 확대하고 있고, 이제 한국수자원공사 등 공공기관에도 시범 도입되고 있다. 이미 롯데 등 대기업들에 이어 건설, 제약, IT 등 중견기업들이 AI를 기반으로 한 서류, 면접전형을 진행하고 있다. 2018년 1월 기준 AI 면접을 도입한 주요 기업 및 공기업은 약 87개로 파악되는데, 2019년에는 보다 확대될 것으로 보고 있다.

㉡ AI 채용과 전망

• AI(AI: Artificial Intelligence, 인공지능) 채용이란?
인재 선발을 담당하고 평가하는 위원의 역할을 AI가 전체 또는 일부분을 맡아 지원자의 입사지원서를 분석하고 면접을 진행하는 것을 AI 채용이라고 한다.

• AI 채용의 향후전망
AI를 서류 전형과 같이 채용 평가 초기 단계에서 일어나는 반복적인 1차 작업에 활용하거나 AI 결과를 객관적으로 받아들이되 결정의 참고용으로 활용하자는 의견으로 모아지고 있다. 향후 AI 채용 시스템의 효율성과 가치를 인정받기 위해 발생 가능한 취약점의 보완, 검증을 거쳐 정확성이 확보된다면 AI 채용 시스

---

13) 김예나, 남민영, 한국경제매거진 & 캠퍼스 잡앤조이, 기사: [2019 채용 핫 트렌드 6] AI 면접 확대, 소통 · 협업 등 소프트 스킬의 중요성 떠오른다. 2019.02.19.

템의 도입과 그 적용 범위가 꾸준히 확대될 것이다.

ⓒ 블라인드 채용 보편화

채용 비리 등의 영향을 받아 블라인드 채용은 도입, 확대 추세를 이어갈 것으로 전망된다. 기업들이 계속해서 블라인드 채용을 도입하고 있는 배경에는 일단 스펙보다 실무역량과 경험을 우선시하겠다는 채용문화의 변화와 계속되는 채용비리를 근절시키기 위한 공정성 확보 등 채용시스템 개혁 의지로도 보인다.

ⓔ 인재상의 변화, 소통·협력 능력 중시

최근 기업들이 원하는 인재의 덕목 1위는 '소통과 협력'인 것으로 나타났다. 100개 기업 중 63개사가 '소통과 협력'을 1위로 뽑은 이유는 기업 내 소통의 부재 때문이다.(1.1 4차 산업혁명 시대 기업이 원하는 인재상 참조) 한편 직무 적합성에 해당하는 덕목인 '전문성'은 2위로 꼽혔다.

ⓜ 4차 산업혁명 기술인재 선호

4차 산업혁명을 대비하는 각 업계의 열기가 뜨거워질수록 이에 적합한 IT 인재에 대한 수요도 급속하게 늘고 있다. 금융업, 제조업, 서비스업 등 산업 분야를 막론하고 4차 산업 혁명 기술 적용이 가속화되고 있는 만큼, 정보통신, 빅데이터, 사물인터넷, 인공지능 등의 기술력을 갖춘 인재를 선호하는 경향이 점점 높아질 것이다.

② 근로 환경 변화나 노동 관련 정부 정책

사람인(대표 김용환, 2019.12.03)에서 채용시장의 영향 요인에 관하여 기업 인사담당자 353명을 대상 조사하였다. 그 결과를 요인별로 재정리하였다.

ⓐ '2019 채용시장 핫이슈'에 관한 조사결과에서 1위는 '주 52시간 근무제'(42.8%). 2위 '최저임금 인상'(31.2%) 3위 '경기불황과

구조조정'(8.5%) 4위 '블라인드 채용 확산'(3.1%), 5위 '직무역량 평가 강화'(2.5%), 6위 '탄력근로제 확대'(2.5%), 7위 '정부 일자리 정책 확대'(2.3%), 8위 '포괄임금제 금지 논란'(2%)으로 나타났다.

위의 결과를 보면, 주 52시간 근무제, 최저임금 인상, 경기불황과 구조조정, 블라인드 채용확산 등이 기업의 채용시장에 영향을 주는 것으로 나타나고 있다.

ⓛ 근로 환경 변화나 노동 관련 정부 정책이 고용에 미치는 영향에 대해서는 다음과 같이 응답하였다.
  – '별다른 영향이 없다.'(57.5%)
  – '고용 축소에 영향을 줬다.'(32.9%)
  – '고용 증가에 영향을 줬다.'(9.6%)

위의 결과는 정부 정책이 고용 증가에는 별다른 영향을 주고 있지 않으나, 감소에는 영향을 주고 있는 것으로 해석된다.

ⓒ 인사담당자들이 예상하는 '2020년 상반기 채용시장의 주요 이슈는 무엇인가?' 라는 질문에 2019년와 마찬가지로 '주52시간 근무제'(35.7%), '최저임금 인상'(24.1%), '경기불황과 구조조정'(11.3%)이 나란히 1~3위에 올랐다. 다음으로 '탄력근로제 확대'(6.8%), '정부 일자리 정책 확대'(6.8%), '포괄임금제 금지 논란'(4.8%), '채용 과정 인공지능(AI) 도입 확대'(2.5%) 등이 뒤를 이었다.

먼저 '주 52시간 근무제'의 경우, 정부가 보완책에 대한 시행시기에 관한 정확한 유예기간, 특별연장근로 인가 요건 등에 대한 명확한 가이드라인에 관한 발표에 관심을 가지고 있으며, 2020년 최저임금은 2.9%가량 상승(시급 8,590원)이지만 기업들에게 부담 요소로 작용하는 것으로 풀이되며, '경기불황과 구조조정'은 산업구조 변화 및 대내외적 불확실성으로 불황이 길어지는 것을 우려하는 움직임의 하나로 보인다.

2020년도 채용시장과 관련해 예상하는 가장 큰 어려움은 절반인 51.6%(복수응답)가 '경제침체 및 매출 부진'을 선택했다. 다음으로 '높은 최저임금'(32%), '주52시간 근무제 확대 시행'(24.9%), '숙련된 경력직 구인난'(19.5%), '대내외적 불확실성 증가'(18.1%) 등의 순이었다.

(2) '직무별 상시 채용 시대'의 도래

① 공채 규모의 축소와 직무별 상시채용 확대

2019년 연초 현대차 그룹의 신입사원 공개채용 폐지 발표에 이어 7월 SK그룹과 KEB하나은행이 차례로 연 2회 진행하던 공채 규모를 줄이고, 상시채용 계획을 발표했다. 물론 기업 경영환경 변화에 따른 인재 채용 규모의 변화, 그리고 우수한 인재를 우선 확보하기 위한 기업별로 차별화된 채용방식 구축은 모두 필요한 일이다. 하지만 연간 수천, 수 만명 규모의 신입사원을 공채를 통해 선발해왔던 만큼, 공채 축소 움직임이 곧 채용방식의 변화 즉, 정기적인 공채중심에서 직무별 상시채용으로 변화 중임을 알리는 신호탄일 것이다.

정의선 현대자동차 수석부회장은 지금까지 대기업에서 관행처럼 여겨왔던 대규모 정기공채를 완전히 없앴다. 국내 10대 그룹 중 처음으로 필요한 인재를 바로 채용하는 상시채용으로 바꾼 것이다. 현대차 그룹 채용 변화는 최근 재계의 수시·상시채용 흐름에 방점을 찍었다는 평가를 받았다. 현대차는 인공지능(AI) 전담 연구조직을 비롯해 연구개발(R&D), 플랜트 기술, 전략지원 등의 분야에서 신입과 경력사원을 상시채용 한다.[14]

---

14) 출처[2019 하반기 채용동향] 김민수 대기업 채용규모 축소, 중기는 '반 토막'..고용시장 빨간 불.리크루트타임스 2019.08.19

② 핵심 채용 트렌드는 '공채의 퇴진'

2019년 하반기 핵심 채용 트렌드는 '공채의 퇴진'이다. 현대차뿐 아니라 SK그룹도 상시채용에 동참했다. 올해부터 공채를 단계적으로 폐지하고 상시·상시채용을 강화한다. 구체적인 계획을 밝히지는 않았으나 큰 틀에서 상시채용 방향이 잡혔다.

LG그룹은 LG생활건강, LG화학, LG상사, 에스앤아이 등 각 계열사에서 상시채용을 진행한다. 신세계그룹은 연 1회 공채를 진행하고, 그 외 상당 부분 상시채용으로 인력을 충원한다. 두산그룹 역시 두산디지털이노베이션을 비롯한 각 계열사에서 상시채용으로 인재를 확보하고 있다.

③ 상시채용 변화 동인

- 저성장으로 인한 인식의 변화

산업 성장기에는 '특정 업무를 잘 몰라도 똑똑한 사람을 뽑아 키워 쓴다'는 인식이 강했다. 성장하는 만큼 다양한 부문에서 사람이 많이 필요했기 때문이다. 그룹 인사팀에서 스펙이나 기업 인재상을 중심으로 인력을 대거 뽑은 뒤, 교육 과정에서 평가해서 부서별로 배치하는 식이었다.

- 저성장에 따른 순차적 변화
  - 공채준비에 드는 많은 시간과 비용을 절약할 대안 마련 모색
  - 적은 비용으로 채용이 가능한 상시채용으로 방향 전환
  - 대규모 공채에서 직무 중심 상시채용으로의 변화

- 채용트렌드의 대세는 상시채용
  - 공채를 기반으로 호봉제를 택한 나라는 한국과 일본이 유일

한국경제연구원의 최근 조사 결과, 대졸 신입직원을 정기공채 외 상시채용으로도 뽑는 기업이 55%로 나타났다. 이들 기업의 정기공채와

상시채용 비중은 각각 35.6%, 63.3%로, 상시채용이 정기공채에 비해 27.7%포인트나 높았다. 특히 상시채용 비중이 90% 이상인 응답은 29%로 나타났다.

- 4차 산업혁명 시대 필요한 인재상의 변화

  4차 산업혁명 시대 급속한 기술발달과 기업환경 변화에 따라 기업에 필요한 인재상이 수시로 변해가고 있다. 이러한 흐름에 따라서 특정 부문에서 인재 공백이 수시로 발생하게 되고, 인재 공백 즉시 투입할 수 있는 인재 채용방식이 필요해졌다. 이런 이유로 국내 기업 채용 방식은 공채와 수시를 병행하는 '투트랙(Two-Track)'을 거쳐 상시채용으로 갈 것이라는 전망이 우세하다.

(3) 직무별 상시채용에 따른 새로운 변화: 평생직업 시대 서막

직무별 상시채용이 계속되면 노동시장에 새로운 변화가 올 것이다. 그 변화를 항목별로 정리하여 보았다.

① 평생고용시대의 붕괴

직무별 상시채용이 활발해지면 노동시장에서 '평생 계약 붕괴'를 가져오고 평생직장의 개념이 사라지고 '평생직업 시대'가 도래할 것이다.
- '채용기간' 단축
  (공채 시, 4~5개월 → 헤드헌팅 활용 시, 1~2개월)

② '평생직장인'에서 '평생직업인'으로 패러다임 전환
- 직장 이동은 활발해지고, '고용불확실성'은 증대
- 직무역량을 갖춘 우수인재 중요성 증대

③ 평생직업인은 미래 '디지털 혁신 인재'

- 새로운 관점으로 사물과 상황을 바라보는 인재
- 전문성과 다양한 분야에 대한 지식을 섭렵한 인재
- 새로운 일에 대한 도전을 두려워하지 않고 매사 적극적으로 움직이는 인재
- 디지털 시대에 더욱 중요시되는 협력과 소통을 실천하는 인재
- 자신과 조직의 성장 속도를 맞추어 자기 개발을 실행하는 인재

④ 기술의 발달과 고용형태의 변화 등으로 새로운 직업인 탄생[15]

㉠ 새로운 직무능력과 경험능력을 갖춘 전문 직업인 탄생

- 직무능력은 실질적으로 직무를 능숙하게 수행할 수 있는 능력 (온스펙 : On-spec)을 의미한다.
- 경험능력은 자신의 흥미와 역량을 충분히 고려하여 직무를 선택하고, 요구하는 역량(지식, 기술, 태도)을 의미한다고 할 수 있다.

㉡ 일하는 방식의 변화

디지털 기술의 발전으로 온라인 근무(모바일 근무, 원격근무)가 다양한 직종에서 증가하고 있다. 이에 따라 근무시간이 아닌 성과물로 평가받고 보상을 받는 시스템이 확산될 것이다. 그리고 디지털 기술의 발전으로 거래비용이 비약적으로 낮아지고 근로자의 실제 이동 없이 가상의 공간에서 협업이 가능해짐에 따라 생산 체계의 글로벌화가 촉진될 것이다. 기업은 외부자원(생산시설, 인력)을 저렴하게 이용하게 됨에 따라 아웃소싱 및 프로젝트 조직이 증가할 것이다.

㉢ 고용형태 변화

작업조직과 일하는 방식의 변화는 필연적으로 고용형태 (Employment Status/Type)의 변화를 동반한다. 온라인 플랫폼

---

15) 고용정보원보고서 4차산업혁명과 미래일자리 전망 요약 (2017.12)

으로 제공되는 온디맨드 서비스(Services on Demand)의 확산으로 플랫폼 근로자가 증가할 것이다. 또 O2O(Online to Offline) 서비스와 P2P 거래의 확산은 수요자와 공급자를 직접 연결하면서 개인이 공급자로서 시장 참여를 용이하게 하고 있다. 플랫폼 근로자나 프리랜서 또는 프로슈머 등 최근 새롭게 부각되고 있는 고용형태인 긱 이코노미(Gig Economy)를 비롯한 다양한 고용형태가 더욱 증가할 것이다.

ⓔ 일 · 가정 양립, 경력개발 등 기타 이슈

모바일 등 디지털 기술이 업무에 적극 활용됨에 따라 근로시간 및 업무량의 과다, 일 · 가정 양립 등의 문제가 대두될 것이다. 모바일 기술의 발전으로 원격근무가 가능해지고 저출산 등으로 이를 권장하는 방향으로 사회분위기가 바뀔 것이기 때문에 근로시간이나 근로감독, 보안, 사생활 침해 등의 문제가 본격 대두될 것이다.

기계에 인공지능이 도입됨에 따라 계약관계에서 소유자와 제작자의 책임성 문제가 제기될 것이다. 직업세계의 변화가 가속화하고 요구되는 직업능력이 빠르게 변화하는 상황에서 플랫폼 근로자, 파견근로자 등 사용자 없는 근로자에 대한 직업능력개발 문제가 대두될 것이다.

지금까지 살펴본 바에 의하면 국내 취업 시장의 채용트렌드는 공정채용을 위한 AI채용 확대와 대규모 공채에서 직무별 상시채용으로 변화하고 있으며, 그 영향으로 평생 고용 시대의 붕괴와 평생 직업인의 시대가 열리고 있음을 알 수 있다. 평생 직업인으로 변화하는 채용트렌드에 따라 인재 이동이 활발하게 될 것이며, 이에 따라 기업 내 인재 공백이 빈번해질 것이다. 기업의 잦은 인재 공백은 핵심인재의 발탁과 채용에 심각한 어려움을 초래할 것이다.

이러한 난제의 해결점에 헤드헌팅이 있다. AI 채용과 블라인드 채용이 객관성 추구의 측면에서 효율성을 담보하기는 하지만, 우수한 인재 채용이라는 본연의 목적에는 충분히 부합하지 못한다는 약점도 존재한다. 따라서 헤드헌팅은 이러한 약점을 보완하면서도 기업과의 긴밀한 관계와 협력을 통해 기업의 인재 공백에 원활하게 대처하고 기업이 수시로 요구하는 핵심인재 발탁과 채용에 주도적 역할을 하게 될 것으로 전망된다.

(4) 공공기관의 헤드헌팅을 활용한 임용 확대 추세[16]

2020년 2월 16일자 파이낸셜뉴스에 의하면, 정부가 유능한 인재를 직접 발굴해서 적절한 직위에 추천하는 정부헤드헌팅을 통해 처음으로 지방공무원을 임용했다고 한다.

기사에 따르면, 인사혁신처와 부산광역시는 16일 유선희 전(前) 포스코 인재창조원 글로벌리더십센터 전무를 국민추천제와 정부헤드헌팅으로 발굴해 부산광역시인재개발원장에 임용했다. 2015년 이 제도가 도입된 이후, 지금까지 총 43명의 민간전문가가 정부기관 또는 공공기관에 임용되었다고 하는데, 이번에 임용된 유선희 원장은 국민추천제와 정부헤드헌팅을 통한 서비스 범위를 중앙부처에서 지방자치단체 및 공공기관으로 확대 추진하던 중에 나온 첫 번째 지방공무원 임용 사례에 해당한다.

이처럼 헤드헌팅을 통한 인재채용을 하는 방식은 갈수록 중요해지는 인재의 확보 측면에서 공공부문에도 효율성과 적절성을 확보하기 위해

---

16) 파이낸셜뉴스, 2020.02.16. "인사처, '정부헤드헌팅'으로 첫 지방공무원 임용"
   (https://www.fnnews.com/news/202002161021286674)
   파이낸셜뉴스, 2020.02.09. "인사처, 정부헤드헌팅으로 중기부 대변인에 민간전문가 임용"
   (https://www.fnnews.com/news/202002081541155268)

헤드헌팅을 적극적으로 활용하면서 향후 이러한 추세는 확대될 것으로 보인다.

실제로 2020년 2월 9일자 파이낸셜 뉴스에도 중소벤처기업부가 국장급 대변인에 홍보 마케팅 분야의 민간전문가를 정부헤드헌팅을 통해서 임용했다는 기사가 보도된 바 있다. 해당 기사에 의하면, 인사혁신처와 중소벤처기업부가 지현탁 전(前) 한국방송(KBS) 그룹마케팅총괄 국장을 정부헤드헌팅으로 발굴해서 중소벤처기업부 대변인으로 임용하였다.

이처럼 해당 직급이나 직책에 맞는 인재를 보다 효과적이고 효율적으로 찾아 적시에 배치하기 위해서 정부 및 공공의 영역에서 헤드헌팅을 활용하는 것으로 봐서 그동안 민간 영역에서 주로 이루어져 오던 헤드헌팅의 영역이 정부 및 공공영역으로까지 더 확대될 것으로 예상된다.

좋은생각 ··

꾸준함이 가장 좋다

어느 한순간
반짝 빛나기는 쉽습니다.
그러나 꾸준히 오래 빛나기는 어렵습니다.
처음부터 끝까지 빛나기는 더 어렵습니다.
그래서 변함없이 흔들림없이
꾸준히 빛나는 사람이 소중한 것입니다.
꾸준함이 가장 좋습니다.

1.3. 최근 국내 취업 시장 트렌드의 변화 요약

이상으로 HR컨설팅 부설 연구소에서 제시한 최근 국내 취업 시장의 채용트렌드 흐름을 중심으로 (1) 채용 트렌드 영향 요인을 ①금융권·공공기관 채용 비리 근절과 공정한 채용 시스템 구축 ②근로 환경 변화나 노동 관련 정부 정책으로 구분하여 보았다.

① 금융권·공공기관 채용 비리 근절과 공정한 채용 시스템 구축은 ㉠AI 도입 확대 ㉡ AI 채용과 전망 ㉢블라인드 채용 보편화에 중점을 두었다.

② 근로 환경 변화나 노동 관련 정부 정책은 ㉠'2019 채용시장 핫이슈'에 관한 조사결과 ㉡ 근로 환경 변화나 노동 관련 정부 정책이 고용에 미치는 영향 ㉢인사담당자들이 예상하는 2020년 상반기 채용시장의 주요 이슈 등으로 나누어 보고,

(2) '직무별 상시 채용 시대'의 도래를 ①공채 규모의 축소와 직무별 상시채용 확대 ②핵심 채용 트렌드는 '공채의 퇴진' ③상시채용 변화 동인 등을 다루었다.

(3) 직무별 상시 채용에 따른 새로운 변화: ①평생 고용 시대의 붕괴 ②'평생직장인'에서 '평생 직업인'으로 패러다임 전환 ③평생 직업인의 역량/미래 디지털 혁신 인재 ④기술의 발달과 고용형태의 변화로 인한 새로운 직업인 탄생 등으로 흐름을 정리하고,

④기술의 발달과 고용형태의 변화 부분은 ㉠새로운 직무능력과 경험능력을 갖춘 전문 직업인 탄생 ㉡일하는 방식의 변화 ㉢고용형태 변화 ㉣일·가정 양립, 경력개발 등 기타 이슈를 요약 정리하여 보았다.

국내 취업 시장의 채용트렌드는 공정채용을 위한 AI채용 확대와 대규모 공채에서 직무별 상시채용으로 변화하고 있으며, 헤드헌터는 기업이 요구하는 핵심인재 발탁과 채용에 주도적 역할을 하게 될 것이다.

인공지능 채용시대가 오면
헤드헌팅 사업은 사라지게 될 것인가?

▶ 인공지능에 의한 채용시대가 열리고 있다.

최근 일부 대기업과 학교 등에서 인공지능(AI)면접관을 활용하여 직원채용을 하거나 학생을 선발하기 시작하였다. 이미 LG 유플러스와 LG전자 등 여러 기업들이 연이어 'AI면접관' 제도를 도입하거나 도입을 예정하고 있다. AI 채용시대가 개막된 것이다.

▶ 'AI면접관'은 사람(면접관) 없이 스마트폰이나 노트북을 보고 대답하는 것이다. 면접 영상을 찍으면 이를 AI가 분석해 평가해 준다. AI면접관은 수많은 인사 담당자들의 체킹된 주석 데이터들(라벨링 정보)을 학습해 그 사람들의 지혜를 얻게 된다고 한다.

▶ AI 채용 시스템을 바라보는 긍정적 시각과 부정적 시각

긍정적 주장은 채용 기간 단축(현재의 5/1)에 따른 시간과 비용 절감, 채용 부정 논란 일소, 채용절차의 공정성 확보와 효율성 향상 등이다. 이에 반해 부정적 주장은 준비 부족(수험생/기업), 취업준비생의 부담 가중, 시기상조 등을 들고 있다. 긍정론자들은 AI의 신뢰도를 90% 이상으로 주장하지만, 부정론자들은 이에 동의하지 않는다.

▶ 앞으로 AI 채용면접관이 헤드헌터를 대체하게 될까?

HR컨설팅의 전용화 대표는…

"인공지능이 인재 채용에 활용되더라도 헤드헌팅의 영역은 인공지능이 완벽하게 대체할 수 없는 미묘하고 비정형화된 유기적 영역이며 특수한 영역이기 때문에 인공지능이 보조 역할을 할 수는 있지만 대체할 수는 없다. 다만 공채와 같은 범용인재채용은 기술의 발전에 따라 상당한 역할을 할 것이다. 그러나 헤드헌팅영역은 그와는 다르다. 이러한 맥락에 비추어 일부에서 우려하고 있는 인공지능 면접관에 의한 헤드헌팅업 대체는 없을 것이다. 따라서 일부에서 제기하고 있는 '인공면접관 헤드헌팅 대체설'은 헤드헌팅에 대한 전문적 능력이 부족한 일부 사람들의 불필요한 우려일 뿐, 그 가능성이 매우 희박하다."

라고 하며, AI면접관 대체설을 일축하였다.

▶ 옥스포드대 칼 프레이(Carl Frey)와 마이클 오스본(Michael Osborne)의 연구에서 제시한 인공지능에 의해서 대체되기 힘든 직업 중 하나는 헤드헌팅과 같은 사람 간의 상호 의사소통, 협상, 설득 등 고도의 지적 능력이 필요한 직업이었다.

▶ 헤드헌팅 영역에 대한 AI 채용면접관 대체설의 한계
　① 서칭 키워드 검색과 선별이 어렵다.
　② 선별된 인원에 대한 채용 여부 결정 요인의 분석이 어렵다. 도덕성 태도 마인드 등 기본적 성향은 분석이 가능하나 인성 등에서는 선별능력이 부족하다.
　③ 일반적 객관적인 데이터는 있지만, 주관적 데이터가 부족하거나 없다.
　④ 사람마다 가지고 있는 독특한 특성이나 커뮤니케이션 능력 등에서 정확한 정량적 데이터가 거의 없다.
　⑤ 정성적 데이터는 정량적 데이터로 가공하는 과정에서 오류가 일어날 수 있다.
　⑥ 인간은 본인에 대한 감성적 요인들을 정확하게 알 수 없다. 정확하게 안다고 해도 그것들을 정확하게 표현하고 객관화하기에 한계가 있다.

▶ 신기술의 발달과 헤드헌팅의 미래
신기술의 등장은 기술로 대체되는 직업이 발생하는 반면에 그 빈자리를 채우는 보완 직업이 동시에 등장한다. 하나의 직업에 종사하는 근로자는 여러 직무를 수행하는데, 기술 도입으로 일부 역할이 축소ㆍ대체되는 반면, 사람의 특성이 더욱 필요한 업무는 그 비중이나 중요도가 커지는 경우가 있다. 헤드헌터가 이에 속한다. 인공지능의 발전에도 불구하고 여전히 남아 있을 인간 고유의 능력은 향후 더욱 귀한 자원이 될 것이다. 다만, 인공지능의 확산이 점점 더 가시화되는 상황에서 개인들은 인공지능을 업무에 보완적으로 활용할 수 있는 직업 능력을 개발해 나갈 필요가 있다.

출처 : HR컨설팅. 김건우 LG경제연구원 선임연구원. 매경이코노미 제2027호 (2019.10.02.~08.기사)
한경비즈니스 (2018.10.14. 김영은 기자). 이데일리 김현아 기자(2019.11.12.) 일부 발췌 후 저자 재구성

헤드헌터의 눈

칼 프레이(Carl Frey)와 마이클 오스본(Michael Osborne)의 연구에서 보면 인공지능으로 대체하기 어려운 병목 업무는 지각과 정교한 조작이 필요한 과업, 창의적 지성이 필요한 과업, 사회직 지성이 필요한 과업 등이며 인공지능에 의해서 대체되기 힘든 직업은 창의력, 대인 관계능력, 상호 의사소통능력, 협상 능력, 고도의 지적 능력등이 필요한 직업이었다. 헤드헌팅이 이에 해당한다. 이러한 고유의 능력에 인공지능을 활용할 수 있는 능력이 결합한다면 인공지능 시대에도 여전히 각광 받는 직업을 유지할 수 있을 것이다.

Note

2. 헤드헌팅의 이해

앞서 1장에서는 4차 산업혁명시대의 인재상을 정립하고자 4차 산업
혁명의 개념 및 요구되는 인재상, 직장 개념의 변화와 직업에 대한 인
식 변화, 최근 국내 취업 시장 트렌드의 변화 등에 대하여 정리하였다.
이어서 2장에서는 헤드헌팅의 역사, 정의 및 분류, 어원, 용어, 서치펌
업계 현황, 직업인으로서 헤드헌터 특성과 시대적 적합성 등을 살펴보
고자 한다.

2.1. 발달과정으로 본 헤드헌팅 역사

(1) 해외

헤드헌팅 산업의 역사적 배경으로는 1929년 미국의 대공황 때 시작
이 되었으며 1945년 미국 제2차 세계대전 이후 비즈니스로 정착이 되었
으며 80년대 들어서 IT를 비롯한 분야별로 전문 헤드헌터들이 활동하기
시작하면서 활성화가 되어 90년대에 들어서는 다국적기업 및 프랜차이
즈 기업들이 대거 활발한 인재 영입을 하면서 거듭 성장을 하였다.

헤드헌팅업의 유래는 1929년 미국의 대공황 때 각 주의 기업파산에

따라 각 기업은 일제히 감량경영을 단행하여 불필요한 인원을 해고하는 동시에 기업의 도산을 막고 재생시키기 위해 우수한 경영 간부 확보, 특히 전문경영인을 발굴, 영입한 것이 헤드헌팅업의 시작이라고 할 수 있다.

대공황을 계기로 전문 인력 영입자문업은 전 미국에 급속히 확산되었다. 즉, 경제 대공황을 계기로 거의 모든 기업체가 문을 닫거나 규모를 축소하자 순식간에 사람들이 직장을 잃고 새로운 직장을 찾길 원했다. 이러한 시대의 헤드헌팅업의 형태가 지금의 전문 인력 자문업과는 매우 다른 모습을 가지고 있었을 것으로 추정되며 활발한 활동을 하기에는 어려움이 많았을 것이다.

1950년대에 이르러 영국, 프랑스를 비롯한 유럽 지역에도 전문적으로 채용을 알선하는 헤드헌팅 형태의 비즈니스가 발생하기 시작하였으며, 점차 확산되기 시작하였다. 그러나 헤드헌팅 산업의 중심은 북미지역이었고 특히 미국의 산업발전, 인사조직 제도의 변화와 밀접한 관계를 가지고 있었다. 1950~1960년대를 거치며 미국의 산업발전이 가속화되고 미국기업이 세계적으로 확산되면서 본격적인 헤드헌팅 산업의 모습이 갖추어지기 시작하였다.

1980년대와 90년대 산업 고도화를 거치며 헤드헌팅 사업 영역과 규모가 확장됨에 따라 콘페리인터내셔널(www.kornferry.com), 하이드릭앤스트러글스(www.heidrick.com), 이곤젠더인터내셔널(www.egonzehnder.com), 러셀레이놀즈(www.russellreynolds.com), 스펜서스튜어트(www.spencerstuart.com) 등 세계적인 서치펌들이 등장하였다. 미국, 유럽을 거쳐 아시아 시장에도 헤드헌팅 시장이 형성되기 시작하였다.

헤드헌팅 사업형태는 글로벌 체계를 갖춘 대형기업의 형태에서 10~20명 수준의 소규모 회사, 그리고 1인 기업에 가까운 개인기업 등으로 구분할 수 있으며 다양한 형태의 협업체계를 갖춘 네트워크도 자연스럽게 형성되고 있다. 이와 함께 최근에는 사업영역이 경력컨설팅(Career Consulting), 역량평가(Competency Evaluation), 주변인 조회서비스(Reference Check Service) 등으로 확대되어 단순히 인재를 추천하는 일을 넘어서 다양한 부가서비스를 제공하는 형태로 발전하고 있다.[17]

(2) 국내

우리나라에는 1960년대 후반에 도입되어 1980년대 전문 헤드헌터 몇 분이 암암리에 활동한 것으로 알려졌지만 드러내고 활동을 한 사람이 없었다고 한다. 이후 1990년대부터 헤드헌팅사업이 점차 알려지기 시작하다가 IMF 외환위기를 거치면서 본격적으로 성장·발전하게 되면서 이후 채용시장의 세분화·전문화로 인해 갈수록 헤드헌팅 수요가 증가하였다. 좀 더 살펴보면 우리나라의 헤드헌팅사업은 우리나라에 진출한 외국계 기업의 인재 수요에서 출발하였다고 할 수 있다.

1960년대부터 한국에 진출하기 시작한 외국계 기업들이 한국 사정에 밝고 영어에 능통한 사람이 필요했다. 직원채용은 주로 한국 진출 시 도움을 받던 법무법인이나 회계법인, 거래관계사 또는 친분 있는 인사의 추천을 받아 채용하는 경우가 많았다고 한다.

헤드헌팅에 관한 자료들에 의하면 한국 헤드헌팅사업의 효시는 스타 커뮤니케이션의 조안리와 S. H. Jang & Associate의 장성현으로 전해지고 있다. 조안리는 조선호텔에서 외국인들과 기업을 상대로 각종 서비스를 제공하는 비즈니스센터를 운영하였다. 이어서 자연스럽게 기업에 인력 소개·알선 서비스를 시작, 비서 등 여성인력에 대한 소개를 많이 했다고 한다. 장성현은 외국계 제약회사 근무 경력 등으로 쌓은 인맥을 통해 주한 외국 외교관들과도 상당한 친분을 갖고 있었다.

---

17) 민간_인재추천서비스_이용_매뉴얼 행안부

이후 1980년대 후반부터 기업다운 면모를 갖춘 여러 회사가 설립되었다. 대부분은 외국계 서치펌(Search Firm)의 멤버펌(Member Firm)으로서 대외적으로는 국내에 직접 투자하여 설립한 지사 형태로 알려졌으나 사실은 국내 자본에 의해 설립된 기업들이었다. 대표적인 업체들이 Boyden International(1986년), Ward Howell(탑비지니스 컨설팅, 1987년), T.A.O(1987년) 등이다.

이 외에도 유니코서치, 서울서치 등이 1990년 전후로 활동을 시작하였다. 이러한 헤드헌팅사업의 등장은 공채에 의한 인재선발 체계와 이직을 금기 사항으로 여기던 사회적 시각의 변화를 가져오기 시작하였다. 이는 1997년 외환위기 이후 국내 노동시장의 채용형태가 급변하는 계기가 되기도 하였다.[18]

2000년대 들어와서는 창업요건이 완화되어 창업에 대한 어려움이 대폭 감소되었다. 이로 인해 진입장벽이 다소 낮은 서치펌을 경영하려는 자영업자들도 증가일로에 있고 헤드헌터는 그 수가 얼마나 되는지 짐작하기 힘들 정도가 되었다고 한다. 특히 헤드헌터가 언론이나 매스컴에서 고액 연봉을 받는 전문직으로 알려지기 시작하면서 그 수가 급속하게 늘어났다.

현재 국내에서 활동하는 서치펌의 수와 규모 등은 정확한 자료는 없다. 다만, 업계에서는 대략 1,000여개 내외의 서치펌이 있는 것으로 추정하고 있다. 이러한 양적 팽창에도 불구하고 질적인 면에서 보면 10년 이상의 연혁과 검증된 역량을 갖춘 기업은 전체의 10%에도 미치지 못하는 것으로 알려져 있다.

이는 초기 투자비용의 부담이 없고, 약간의 기업체 경험이나 인적 네트워크만 갖추면 손쉽게 사업을 시작할 수 있다고 판단하고 창업하는 경우가 많기 때문이다. 이에 따라 역량과 업무능력 부족으로 몇 년을

---

18) HR컨설팅 요약자료, 민간_인재추천서비스_이용_매뉴얼 행안부

견디지 못하고 폐업하는 사례가 속출하고 있다.[19] 이와 같은 현상은 업계의 성숙도가 아직 낮은 현실을 반영하는 것이며, 앞으로도 상당 기간 이러한 현상이 계속될 것으로 전망된다.

이상에서 설명한 헤드헌팅의 발달사를 가시적으로 확인하기 위해서 리한 것이 〈표 5〉 이다.

〈표 5〉 헤드헌팅의 발달사

해외 발달사	국내 발달사
– 1929년 미국의 대공황 시작 – 1945년 제2차 세계대전 이후 정착(미국) – 1980년대 IT를 비롯한 분야별 전문헤드헌터 활성 – 1990년대 다국적기업 및 프랜차이즈로 성장 – 2000년대 온오프라인 서치펌 및 공동브랜드 탄생, 다국적 공동브랜드 탄생 – 2005년대 이후 인수합병을 통한 규모의 경제 실현	– 1960년대 후반 국내 도입 – 1980년대 전문헤드헌터 탄생 – 1990년대 헤드헌팅 비즈니스 시작 – 2000년대 글로벌 서치펌 국내진출, 프랜차이즈 및 라이센싱 시작 – 2005년 이후 서치펌의 전문화, 다각화

※ 출처. 헤드헌딩 바이블

2.2. 헤드헌팅의 정의 및 분류

(1) 헤드헌팅의 개념과 정의

헤드헌팅(Headhunting)의 공식적인 용어는 'Human Resource Research' 라고 하나, 헤드헌팅이라는 말이 더 일반화되어 있다. 우리나라 말로는 '두뇌 사냥'으로 번역되고 있는 헤드헌터(Head Hunter)의 어원을 살펴보면 'Head(머리)'와 'Hunter(사냥꾼)'의 합성어로 '승리'를 상징한다. 이 말은 적의 머리를 잘라오던 인디언 세계에서 유래된 말

---

19) 민간_인재추천서비스_이용_매뉴얼 행안부

로 이후 1970년대 미국 등 서구국가에서 외부의 전문경영인 등 고급 인력을 기업에 전문적으로 소개시켜주는 사람들을 의미하며, 그들이 기업에 인재를 소개시켜주는 그 과정을 헤드헌팅이라고 한다(안옥순, 2009. 8.).

* 헤드헌터

헤드헌터란 표현상 속어적 성격이 강하며, 정확한 명칭은 '이그제 큐티브 써치 컨설턴트(Executive Search Consultant)'이며, 인재를 스카우트(영입)해오는 사람이라는 뜻으로 '기업이 인재를 영입하는데 가교 역할을 하는 사람'을 지칭한다.

* 헤드헌팅

헤드헌팅(Headhunting)은 인재영입과정을 말한다. 헤드헌팅에는 헤드헌팅을 사업으로 하는 사람과 조직이 존재한다. 따라서 헤드헌팅의 또 다른 의미로는 헤드헌팅을 업(業)으로 하는 일, 즉 헤드헌팅사업을 말하기도 한다. 헤드헌터들이 모여 일하는 회사를 헤드헌팅사 또는 서치펌(Search Firm) 이라 부른다.[20] 인재가 기업의 사활을 결정하는 사업, 특히 첨단기술 분야에서의 헤드헌팅이 활발하다. 우리나라는 노동시장의 효율성을 확보하고, 고용시장 안정을 위해 1997년 하반기부터 헤드헌팅을 합법화하였다.

* 직원채용과 헤드헌팅

직원채용은 기업에서 현재와 미래의 수요를 분석, 예측하고 이 수요를 충족하기 위해 인적 자원을 사전에 확보하는 과정을 말하며, 조직의 요원화(Staffing)라는 말로도 대체한다. 그러므로 가장 효과적인 Staffing은 조직이 채용을 통해 선발한 인적자원을 지속적으로 유지하고 관리를 해가며 성장시켜가는 과정을 의미한다.

채용과정에 있어서 단계는 POLC(Plan, Organize, Lead,

---

20) 업계에서는 서치펌이라는 용어를 더 많이 사용한다.

Control) 모형에 따라 설명될 수 있는데 계획하고 조직화한다. 조직화하기 위한 시작이 곧 채용(Recruitment)이다. 채용활동의 결과인 선발(Selection) 활동은 최적의 인력을 조직의 구성원으로 확정하는 수행 과정이다. 그러한 최적의 인재를 찾아 주는 역할을 하는 사람이 곧 헤드헌터이며 그러한 일련의 과정이 헤드헌팅이다.

* 기업의 헤드헌팅 이용배경(기업이 헤드헌팅 서비스를 이용하는 이유)

기업이 헤드헌팅을 이용하는 배경은 기업의 한계 극복과 위험 회피 두 가지 측면으로 요약해 볼 수 있다. 구체적으로 살펴보면 다음과 같다.

첫째, 일반적으로 기업이 원하는 사람을 직접 찾아 나서기에는 시간적, 경제적 한계와 인력의 문제 등 기업이 가지고 있는 다양한 한계와 제약을 극복해야 한다. 헤드헌팅 서비스는 기업이 가지고 있는 이런 한계와 제약을 극복하는데 도움을 주기 때문에 기업들이 헤드헌팅을 이용하는 이유가 된다.

둘째, 기업이 필요한 인재를 직접 영입하려면 동종업계의 인재를 빼 올 수밖에 없는 현실적 상황이 발생되는 경우가 있다. 해당 기업이 그런 상황을 의도했든 그렇지 않든 이는 외부에 비윤리적 비도덕적으로 비춰지고 기업 이미지에 심각한 타격을 줄 수 있다. 그럴 때, 외부 대행기관의 적절한 서비스를 이용하면서 책임과 윤리 및 도덕성에 대한 질타 등의 위험회피와 기업 이미지 보호 측면에서도 유용성이 있다.

* 헤드헌팅에 대한 인식변화

헤드헌팅이 국내에 완전히 정착되기 전인 90년대 말까지만 해도 부정적 이미지가 더 강했다. 기업들이 살아남기 위해 경쟁사의 핵심 인력을 빼내오거나 상대 기업을 무력화시키기 위해서 헤드헌터를 하수인으로 이용하기도 했었다.

그러나 현재는 직장인들의 기업 선택권이 예전보다 자유로워지고, 중요시되면서부터 무분별한 Scout는 기업의 성장이나 개인의 커리어 관리에 큰 도움이 되지 않는다는 사회적 인식이 점차 확산일로에 있다.

기업에서도 비윤리적 경쟁사 핵심인재 유치는 자제하려는 풍토가 점차 자리 잡아가면서 초기의 부정적 이미지는 많이 사라졌다. 우리와 달리 선진국에서 헤드헌팅은 기업 자체에서 해결하지 못하는 고급전문 인재채용을 대신 수행해주는 전문 업종으로 자리잡고 있으며, 기존 기업들이 수행하기 어렵거나 힘든 일들을 처리해 줄 수 있는 전문가적 업무로 평가받으며, 새로운 시대의 유망직종으로 자리 잡아 가고 있다.

* 채용전문가/헤드헌터

헤드헌팅이라는 말의 유래가 뜻이 좋지 않다고 하여 최근에는 우리말로 채용을 전문으로 해주는 일, 그런 일을 하는 사람이라는 뜻을 담아 '채용전문가'라는 용어를 사용하는 사람들이 늘고 있다. 하지만 아직까지는 업무의 본래적 성격을 잘 드러내는 헤드헌팅과 헤드헌터라는 용어가 더 많이 일반적으로 통용되고 있다.

* 헤드헌팅 영역확대와 수요증가

최근에서는 기업이 공개채용으로 채용이 어렵거나 비공개로 채용하기를 원하는 특수 고급인력의 수요가 증가하고 있으며, 수요의 범위도 임원급, CEO등 고급인력 위주의 범위에서 벗어나 점점 이하 직급인 차장, 과장, 대리 등으로 확대되고 있다. 이러한 헤드헌팅의 영역확대와 수요증가 현상은 헤드헌팅의 발전에 긍정적 의미를 부여하고 있다.

고용노동부 조사결과를 토대로 직업의 미래를 전망해 본다면, 헤드헌터의 앞날은 비교적 밝은 편이라고 할 수 있다. 고용노동부에서 발행한 2019년 한국직업전망 연구결과, 인구구조의 다양성 증가, 진로상담의 중요성 인식 등의 영향에 따라 향후 10년간 헤드헌터의 취업자 수는 증가할 것으로 전망되기 때문이다(〈표 6〉 참조).

이상의 내용을 다시 간단히 정리하자면, 채용을 전문으로 해주는 회사가 헤드헌팅사이며, 다른 말로 서치펌 (Search Firm)이다. 기업의 최고경영자, 임원, 기술자 등과 같은 고급 전문인력의 재취업이나 스카우트를 중개해 주는 일을 헤드헌팅이라고 정의하고 있다.

이처럼 서치펌과 같은 기업에 종사하면서 이직이나 전직에 도움을 주고 알선하는 민간 유료 소개업자를 헤드헌터라고 한다. 현재 이직이나 전직과 관련된 시장의 상황을 살펴 볼 때, 향후 직업시장에서는 헤드헌터 및 관련 업계 취업자는 계속적으로 증가할 것으로 전망되고 있다.

〈표 6〉 2019년 한국직업전망

전망요인	증가요인	감소요인
인구구조 및 노동인구 변화	• 베이비부머, 외국이민여성 등 다양성 증가	
가치관과 라이프스타일 변화	• 진로상담 중요성 인식	
국내외 경기	• 산업구조조정, 산업구조 변화 등에 따른 이·전직 수요 증가	
과학기술 발전		• 인공지능 기반 취업알선 시스템 개발
기업의 경영전략 변화	• 채용문화 변경	
법·제도 및 정부정책	• 공공고용서비스 확대	

종합하면, 인구구조의 다양성 증가, 진로상담 중요성 인식 등의 영향에 따라
향후 10년간 직업 상담사 및 취업알선원 취업자 수는 다소 증가할 것으로 전망된다.

- **● 관련 직업**   커리어코치, 헤드헌터, 취업지원관, 상담전문가

- **● 분류 코드**   한국고용직업분류(KECO) : 2314
  한국표준직업분류(KSCO) : 2473

- **● 분류 코드**   고용노동부1350 www.moel.go.kr
  고용복지⁺센터 www.work.go.kr / jobcenter
  (사)한국직업상담협회 (02)584-4220 www.kvoca.org

※ 출처 : 2019년 한국직업전망 출처:고용노동부 발행

요약정리

(1) 정의	'헤드헌터'는 시장조사나 자체 정보망을 통해 특정분야의 전문가들을 확보하고, 그들을 필요로 하는 기업과 연결시켜 주는 일을 하는 전문직 직업
(2) 분류	한국직업능력개발원 직업 분류 : 서비스(전문직) 한국고용직업분류(KECO) : 2314 한국표준직업분류(KSCO) : 2473
(3) 특성	실무 직급부터 '임원급(executive search)'까지 써치(search) 인재 정보 '단순 수집(collect)'이 아니라는 점에서 일반적인 '직업 알선'과 차별화

2.3. 헤드헌팅 용어 소개[21]

여기에서는 헤드헌팅 업계 현장에서 주로 사용하는 용어를 간략히 소개하고자 한다.

* 서치펌(Search firm)

구인을 원하는 고객으로부터 의뢰를 받아 그에 알맞은 후보자를 추천하여 채용시키는 대가로 고객으로부터 수수료를 받는 컨설팅회사, 취업을 희망하는 자의 데이터베이스를 관리하여 그 데이터베이스 및 명단, 인맥 등을 이용하여 후보자를 발굴한다.

* 성사조건부 서치펌(Contingency Search Firm)

추천한 후보자가 고객에게 채용 되었을 때에만 컨설팅비용(채용수수료)을 받는 회사를 의미한다.

* 무조건부 서치펌(Retainer based Search Firm)

채용의 여부에 무관하게 후보자의 추천에 대하여 컨설팅 비용을 받는 회사를 지칭한다.

* 헤드헌터(Headhunter)

서치펌에 근무하며 고객으로부터의 의뢰에 의거하여 그에 적합한 후보자를 발굴, 선별, 평가하여 추천하는 일을 하는 일종의 HR컨설턴트를 의미한다.

* 헤드헌팅(Headhunting)

헤드헌터가 구인을 희망하는 고객과의 상담부터 전직 또는 취업할 후보자를 발굴하여 채용시키는 과정을 말한다.

* 리쿠르팅(Recruiting)

군대에서 군인을 모집하는 행위라는 의미로 최초에 쓰였던 단어로

---

21) 이하의 헤드헌팅 관련 용어는 HR컨설팅에서 정리한 실무 용어임.

현재는 조직에 근무할 직원을 모집한다는 의미로 쓰인다.

* 리쿠르터(Recruiter)

직원을 모집하는 일을 직업으로 하는 사람을 뜻하며 헤드헌터도 리쿠르터에 포함된다. 하지만 모든 리크루터가 헤드헌터가 되는 것은 아니다. 리쿠르터는 신입사원을 모집하는 대기업의 인사부 소속 직원부터 중역 등의 고급인력을 채용시키는 헤드헌터까지 포함하는 포괄적인 개념의 모집인을 말한다.

* 리서처(Researcher)

헤드헌터의 업무는 고객사 발굴과 서칭 그리고 후보자 필터링과 컨택 순으로 업무가 이루어지고 있는데, 그중에서 리서처의 역할은 헤드헌터 업무를 도와서 고객사에서 의뢰한 적합한 후보자를 전문 서칭(Searching) 하는 일이 일반적인 업무내용이다.

* 후보자(Candidate)

구직활동을 하는 사람 중에서 헤드헌팅의 대상이 될 만한 자격을 갖춘 사람. 여기서 구직활동은 수동적인 구직활동(현재 직장에 대체적으로 만족하지만 더 적합한 직장이 있으면 옮길 의사가 있다) 및 적극적인 구직활동(당장 새로운 직장을 찾아야 하는 입장에 있는 경우)이 해당된다.

* 롱 리스팅(long-listing)

후보자의 1차 선별을 의미하며, 고객과의 상담을 통해서 얻어진 구체적인 자격요건에 적합한 후보자를 이력서 등의 서류상으로 선별하는 것을 말한다.

* 롱 리스트(long-list)

1차 선별된 후보자 리스트를 말한다.

* 숏 리스팅(short-listing)

후보자의 최종선별을 의미하며 고객이 요구하는 구체적인 자격요
건을 충분히 충족하는 후보자를 면접 등의 평가를 통하여 선별하는
것을 말한다. 일반적으로 고객이 채용하고자 하는 인원의 2~3배
수의 인원이다.

* 숏 리스트 (short-list)

최종 선발된 후보자 명단을 말한다.

* 오프 리미츠(off-limits)

서피펌과 고객 간의 계약에 의한 것으로 고객의 직원들을 외부로
추천하지 않겠다는 협약이다. 서치펌은 그에 대하여 고객으로부터
금전적인 또는 다른 형태의 보상을 받는다.

* 역량에 근거한 인터뷰(Competency based interview)

후보자 평가방법의 하나로 면접을 통하여 후보자의 역량을 파악하
는 기법이다.

서치펌의 역할과 활동에 대한 이해를 돕고자 인사와 관련된 아웃
소싱 서비스를 간단히 요약하여 정리해 보았다. HR과 관련된 아웃
소싱은 정리하자면 인사컨설팅, 온라인 리크루팅, 인재파견, 헤드헌
팅, CDP(Career Development Planning), 역량평가(Assessment
Center), 아웃플레이스먼트(Outplacement), 평판조회(Reference
check), 면접 질문 자료 및 면접과 교육, 도급, 용역 등이 있다.

* 직무기술서 (Job description)

직무 그 자체의 특성(과업, 임무, 책임), 쉽게 말해 직무 수행과 관
련된 과업 등 직무정보를 일정한 양식에 기술한 내용을 말한다.

* 직무명세서(Job Specification)

직무 수행에 필요한 인적 요건이나 특성, 쉽게 말해 직무 수행자의 인적요건을 명시한 내용을 말한다.

* 고객사(Client)

헤드헌팅 관점에서 고객사란 채용을 의뢰한 기업을 의미한다.

* 석세스(Sucess)

석세스란 사전적 의미는 "성공이라는 뜻으로 노력한 다음에 결과가 생긴다."는 의미를 내포하고 있다. 헤드헌팅업계에서의 석세스란 결국 후보자가 최종합격 상태의 결과를 말한다.

* 브로큰케이스(Broken Case)

브로큰의 사전적 의미는 '깨어지다', '부서지다'라는 의미를 가지고 있다. 따라서 헤드헌팅 업계에서 브로큰케이스의 의미는 최종합격 하였으나, 고객사 또는 후보자가 입사취소나 입사거부를 한 것을 의미한다.

* 연봉협상(Negotiation : NEGO)

연봉협상이란 입사를 최종확정 하기 위한 프로세스로써 고객사에서는 후보자의 현재연봉과 희망연봉을 고려하여 최종적으로 회사에서 후보자에게 제시 하는 연봉을 의미한다. 따라서 헤드헌터는 고객사와 후보자간 상호협상이 원만하게 협상이 성공적으로 이루어 질 수 있도록 중립적 입장에서 상호조율을 해주는 것이 중요하다.

* 연봉(Annual Salary)

연봉이란 후보자가 현재 기업에서 1년 동안 받고 있는 기본연봉과 성과급, 인센티브, 각종수당들을 포함한 원천징수 상에 1년 총 급여액을 의미한다.

* 수수료(Fee)

헤드헌팅 수수료는 헤드헌터가 고객사로부터 인재추천을 하고 성공보수로 받는 수수료를 말한다. 일반적으로 헤드헌팅 수수료는 15%~30%정도 수준에서 업무계약서에 계약한 직급별, 연봉별로 구분하여 수수료 책정을 하는 것이 일반적인 수수료 지급 방식이다.

* 보증기간(Guarantee)

보증기간이란 헤드헌터가 고객사에 추천한 후보자가 입사 후 3개월 이내에 자의로 퇴사할 경우 헤드헌터가 다시 대체추천해주는 것을 보증해주는 것을 말한다.

* 잡 포지션(Job Position)

잡 포지션이란, 고객사로부터 채용포지션을 의뢰받는 것을 말한다.

* 잡오퍼(Job Offer)

고객사로부터 최종합격한 후보자의 연봉 및 처우조건 그리고 입사일자와 관련된 내용을 포함한 것을 말한다. 후보자에게 제시한 후후보자가 해당 오퍼레터 조건을 수락한다면 서명날인 하여 해당기업으로 다시 전달해서 최종 확정하도록 한다.

* 레퍼런스 체크(Reference Check)

레퍼런스 체크란 추천한 후보자에 대해서 최종 합격을 확정하기 전에 최종적으로 후보자의 직장 동료나 상사를 통해서 후보자의 평판을 확인하는 것으로 최근에는 레퍼런스 체크가 채용을 결정하는데 중요한 영향을 미치고 있다.

* 이력서(Resume)

이력서란 구직이나 이직을 희망하는 후보자들이 지원하고자 하는 기업에 자신의 취업을 위한 면접기회를 얻기 위해서 기업인사팀에 제출해야하는 필수적인 서류이다. 이력서에는 개인정보, 학력, 경력, 언어/자격증 보유사항 그리고 자기소개서 등의 내용이 반드시 기재되어 있어야 한다.

* 커버레터(Cover Letter)

커버레터란 이력서 맨 앞 페이지에 자신의 장단점과 핵심역량 그리고 경력사항 중에 자신을 가장 잘 어필 할 수 있는 업무내용과 성과 등을 간단히 서머리(Summary)한 것을 의미한다.

* 코웍(Co-Work)

헤드헌터 업무는 개인 헤드헌터가 독립적으로 업무를 수행하기도 하지만, 업무가 과중하거나, 긴급한 포지션이 오픈되거나, 헤드헌터 본인의 전문분야의 포지션이 아닐 경우, 서치펌 내부에 동료 헤드헌터들에게 코웍을 요청하여 서로 협업을 하면서 일을 진행하고 있는데 헤드헌터들은 이것을 함께 일하는 것, 즉 코웍(Co-Work)이라고 부른다.

* 기업가적 헤드헌터(Entrepreneurial Headhunter)

기업가적 헤드헌터는 '기업가정신을 기반으로 활동하는 헤드헌터'를 의미한다. 그들은 기업가들의 활동과 마찬가지로 기회를 탐색하고, 가치로 실현시켜 나간다. 그 과정에서 고객의 필요와 수요를 충족시키기 위해 창의적이고 시장지향적 발상을 하며, 계산된 위험을 감수하고 위험에 기꺼이 도전하며, 진취적이고 독립적 성향으로 스스로 성과를 도출해 내려는 'Business Spirit & Mind-set', 실행력을 갖춘 전문가이다.

2.4. 국내 서치펌 및 헤드헌팅 업계 현황

(1) 서치펌 업계 현황

▶ 국내 헤드헌팅 시장현황

헤드헌터라는 직업이 국내에 도입된 시기는 1990년 초부터 도입된 것으로 알려져 있다. 그러나 헤드헌팅 시장이 본격적으로 활성화되기 시작한 것은 1998년도 IMF 외환위기를 지나면서부터라고 할 수 있다. 이러한 흐름이 최근에는 수시채용을 늘리는 방식으로 변하면서 헤드헌터를 통해서 기업에서 원하는 경력직 인재를 서치펌을 통해서 찾는 것이 일상화되고 대중화되어가고 있다.

현재 국내 헤드헌팅시장에 대한 시장규모에 대한 정확한 통계는 없는 실정이다. 이는 국내 서치펌들의 대부분이 자영업 형태의 1인 기업 형식 또는 헤드헌터가 몇 명 근무하지 않는 영세한 서치펌들이 대부분이고, 관련 연구나 조사가 미비하기 때문에 자료를 구하거나 취합하기 어렵기 때문이다. 그러나 일반적으로 업계에서는 서치펌에 근무하는 상근 헤드헌터 수가 30명이 넘어가면 대형 서치펌이라고 보는 경향이 있다.

2017년에 잡인덱스가 인용한 사람인 자료에 따르면, 2017년 초까지 등록된 서치펌(헤드헌팅회사)은 약 1,950여개이고, 대략 8,000명의 헤드헌터가 활동하고 있는 것으로 나타났다. 당시 자료만으로는 시장규모나 개별 헤드헌터의 수입에 대한 정확한 파악은 불가능하지만, 대략 1인당 평균 4천만원 정도의 매출을 창출하는 것으로 예상되고, 이를 토대로 본다면, 전체 시장 규모는 약 3,200억원 정도에 달한다고 하였다.[22]

한편, 최근 HR컨설팅(주) 경영연구소에서 조사한 바에 의하면, 2019년 12월 기준으로 국내 유명 잡포털 A사(社)에 등록된 서치펌 수는 약 1,800개 정도이며, 등록 헤드헌터 수는 대략 10,000명 정도이

---

22) 국내 헤드헌팅 시장 현황 (잡인덱스가 인용한 사람인 2017년 공시자료(17-11-08))

다. 그러나 포털 자료를 좀 더 면밀히 분석해서 실질적인 활동을 기준으로 다시 살펴보면, 현재 등록된 서치펌 중에서 실제적인 활동을 하고 있는 기업은 900개 정도이고, 활동하는 헤드헌터 수는 8,000명 전후로 확인된다. 이를 근거로 국내 헤드헌팅시장의 규모를 추산해볼 때, 국내 시장규모는 약 4,000억~5,000억 정도로 추정해 볼 수 있다.[23]

이에 대해, HR 컨설팅(주)의 강정대 대표는

"위의 두 자료(2017년 자료와 2019년 자료)의 추산결과를 비교해 볼 때, 전체 서치펌 숫자는 약간 줄어든 것으로 보이지만, 실제는 거의 비슷하다고 볼 수 있다. 또한 등록 헤드헌터 숫자는 증가하였다. 다만, 이러한 차이는 외형적으로 보이는 숫자의 변화 또는 차이일 뿐, 실질적인 업체 수나 헤드헌터 숫자는 증가 추세에 있고, 실제 시장규모는 성장한 것으로 볼 수 있다."

라고 위와 같이 분석하였다.

2.5. 현업의 눈으로 본 헤드헌터 특성과 시대적 적합성

글로벌 시대에 우수한 인재 확보가 기업 성공의 핵심요소이다. 즉, 제4차 산업혁명 시대에 기업에서는 핵심역량을 가진 우수한 인재를 확보하는 것이 무엇보다 중요한 시대가 되었다. 따라서 기업은 우수한 핵심역량을 갖춘 인재를 스카우트하기 위해서 서치펌을 이용하게 된다. 서치펌은 기업에서 원하는 경력을 가진 적합한 인재를 찾아서 연결시켜주는 업무를 하는 회사이다. 서치펌에서 우수한 역량을 가진 사람들을 찾아서 기업에 연결시켜 주는 직업을 일컬어 헤드헌터라고 한다. 직업으로써 헤드헌터는 제4차 산업혁명 시대에 우수한 경력을 갖춘 핵심인재를 채용하는데 필수적인 직업으로 부상하고 있다.

---

23) HR 컨설팅(주) 경영연구소

(1) 헤드헌터의 필요성

헤드헌터의 필요성은 구직자와 기업의 관점에서 둘로 나누어 생각해 볼 수 있다. 이를 살펴보면 다음과 같다.

– 구직자(후보자) 관점

구직자 입장에서는 비용 부담 없이 자신의 조건에 맞는 기업, 직무, 처우, 근로조건, 복리후생 등 여러 사항을 고려하여 구직자 자신에게 적합한 기업을 매칭시켜 주는 전문가인 헤드헌터를 잘 활용하는 것이 중요하다.

– 기업(고객사) 관점

기업에 입장에서 많은 기업에서 핵심인재, 우수인재 등을 확보하기 위해 치열한 경쟁을 하고 있는 입장에서 헤드헌터들에게 구인의뢰를 하는 가장 큰 이유는 직접 사람을 찾다보면 많은 시간과 비용을 들여도 기업에서 찾는 조건에 맞는 우수인재를 채용하기가 쉽지 않기 때문이다. 따라서 다소 비용이 들더라도 다수의 기업들은 헤드헌터를 통해서 우수한 역량과 조건을 갖춘 핵심인재를 확보하려고 많은 애를 쓰고 있다. 헤드헌터를 활용할 경우 기업 입장에서는 맞춤 인재 채용이 가능하다는 장점이 있다.

(2) 헤드헌팅 산업의 미래 비전 및 시대적 적합성

– 헤드헌터의 직업의 미래전망

4차 산업혁명시대 접어들면서 신기술 발달로 신기술 확보를 위한 4차 산업관련 일자리 및 인력의 수요가 점진적으로 증가하면서 남들보다 한발 앞서서 신기술 개발과 활용을 위한 4차 산업 맞춤형 4.0인재의 필요성이 대두되고 있는 실정이다. 또한 국내 기업들은 기존에 정기공채 채용정책에서 상시채용 정책으로 채용 트렌드가 급격히 변화하고 있고 Generalist(제너럴리스트)채용이 감소하고 직무중심에 Specialist(스페셜리스트)채용이 증가하는 채용 트렌드의 변화도 한몫을 하고 있다. 따라서 전문성을 갖춤 맞춤형 인재 채용의 증가로 우수인재확보가 점점 더 어려워지면서 4차 산업 직무에 적합한 인재확보를 위해서 기업들의 헤드헌팅 의뢰가 증가하는 추세이다.

(3) 직업으로서의 장 · 단점

– 직업으로서 헤드헌터의 장점은 아래와 같다.

1) 일한 만큼의 '성과' 및 '수입 창출'이 가능하다.
2) 정년에 관계없이 오랫동안 일하면서 고소득 연봉이 가능하다.
3) 헤드헌터 업무는 축적의 비즈니스이다.
4) 경험이 쌓일수록 성과가 더 좋아진다.
5) 누구든지 자신의 경력과 인적 네트워크를 바탕으로 쉽게 업무가 가능하다.
6) 직장생활에 비해 여가시간을 충분히 활용하면서도 고소득이 가능하다.
7) 기업가정신을 겸비한 경력단절 여성 및 남성에 적합하다.

– 직업으로서 헤드헌터의 단점은 다음과 같다.

1) 사회초년생은 거의 성과를 내기 어렵고, 사회 및 직장경력이 있어야 가능하다.
2) 거의 대부분 헤드헌터의 수입은 주로 기본급이 아닌 성과급(성과 인센티브)에 근거해서 운영되기 때문에 고정수입을 원하는 사람은 초기 진입을 망설이게 된다.
3) 서치펌 간 경쟁이 심화되고 있다.

"그거 내가 해 봤는데, 안돼"라고
말하는 이유

성과가 낮은 사람들이 자주 하는 말이 있다. 그건 바로 "내가 해 봤는데, 안돼"라는 말이다. 반면, 높은 성과를 창출하는 사람들은 그런 말을 하지 않는다. 그들은 "한 번 해 보자." 또는 "그거 좋은 생각이네!"라고 말한다. 그 이후에 그들이 어떤 행동을 할지는 자명하다. 성과가 낮은 사람들은 기존에 자기가 알고 있던 자기만의 방식으로 몇 번 시도해 보다가 문제가 해결되지 않으면 쉽게 포기해 버리는 반면, 성과가 높은 사람들은 자기가 아는 방식이 아닌 주변의 조언을 듣거나 성공한 사람들의 방식을 벤치마킹(Benchmarking) 하는 등 다양한 방법을 시도하여 자기만의 새로운 썩세스 패턴(Success Pattern)을 창출해 내고야 만다.

이들은 왜 이런 차이를 보이는 것일까? 특히 성과가 낮은 사람들은 자기가 알고 있는 기존 방식만을 고집하고, 새로운 시도를 꺼려하는 걸까? 이를 잘 설명한 '이론(Theory)'과 '사례(Case)'가 있어서 아래와 같이 소개한다.

▶ 마틴 셀리그만의 실험

실험

1. 흰 방과 검은 방 두 개의 방이 있다.
2. 두 방을 칸막이로 막은 뒤 흰 방에 개를 넣고, 흰 방에 전기충격을 가함과 동시에 검은 방과 사이에 있는 칸막이를 제거하면 개가 전기 충격을 피해 검은 방으로 도망간다.
3. 검은 방엔 전기 충격이 없다. 그러다가 검은 방에도 똑같이 전기 충격을 주면 흰 방으로 개가 도망한다.
4. 다시 흰 방에 전기충격을 주면 검은 방으로 도망간다.
5. 이렇게 여러 번 반복한다.
6. 검은 방에 전기 충격을 끊은 다음 흰 방에 개가 있을 때 전기 충격을 준다.

결과

– 개는 검은 방에 전기 충격이 없음에도 불구하고, 앞에서 경험한 충격으로 인해 흰 방에 엎드린 채, 검은 방으로 건너가려 시도하지 않고 전기충격을 그대로 받으면서도 흰 방에 머물러 있게 된다.

- 이 실험은 개가 검은 방에도 전기 충격이 있다는 사실에 대한 경험이 학습되어 '어차피 검은 방 쪽으로 도망쳐 봐야 마찬가지일 것'이라는 '무력감'에 빠지게 된다는 것을 보여 준다.

– 미국 심리학자 마틴 셀리그만(Martin E.P. Seligman) 실험 재구성 –

이 실험은 앞서 우리가 논의했던 성과가 낮은 사람들을 이해하는데 있어서 중요한 시사점을 제공한다. 즉, 과거에 몇 번의 실패 경험이 학습되어 이제는 해도 안된다는 '강력한 믿음(?)'으로 기억 속에 남아 있게 된 것이다.

만약, 누군가 시도해 보지도 않고 "할 수 없다.", "해 봐도 소용없다.", "이미 해 봤는데, 안 돼"라고 말한다면, 그것은 '과거 경험'이나 타인에게 들은 '부정적인 말'로 인해 실제로도 그렇게 믿고 내면화 시켜버렸기 때문이다.

이처럼 부정적인 '믿음'과 '사고방식'은 그 사람의 일생을 불행하게 만든다. 그것은 모든 일의 성과를 낮추는 결과를 가져 오기 때문이다. 이처럼 잘못된 믿음에 의해 부정적 행동양식이 내면화되는 것을 심리학적 전문용어로 '학습된 무력감(Learned Helplessness)'이라고 한다. 다시 말해, 성과가 낮은 대부분의 사람들은 이미 학습된 무력감이 내면화 되어 있을 가능성이 큰 것이다.

※ 학습된 무력감이 미치는 영향

- 첫째, 변화하는 상황을 의도적으로 무시하게 된다.
  - 사람이 살아가는 상황은 항상 부단하게 변한다. 어제 실패했던 일이라고 해서 오늘도 실패한다는 법칙은 어디에도 없다.

- 둘째, 인간의 잠재적 가능성을 받아들이려고 하지 않는다.
  - 인류 역사상 인간은 항상 새로운 것을 개척하고, 한계에 도전해 왔다. 인간의 잠재적 가능성은 무한하다.

'한계의 벽을 극복해 내다.'

1984년 미국 LA올림픽 육상에서 칼 루이스가 100m 10초벽을 돌파한 이후로 다수의 선수들이 100m 경기에서 10초벽을 극복해 내기 시작했다. 또한 1954년 로저 베니스터가 1마일 4분벽을 3분59초4의 기록으로 돌파하였다. 그동안 사람들의 마음 속에서 한계로 여겨져 왔던 벽이 허물어지자, 100m 9초대 선수들이 나오기 시작하였고, 급기야 베니스터가 1마일 4분벽을 돌파한 이후, 1개월 후에 10명, 1년 후 37명, 2년 후 300여명이 그 어렵다던 마의 4분벽을 넘어서는데 성공했다고 한다. 즉, 안된다고 생각했던 학습된 무력감을 이겨내고 할 수 있다는 생각을 갖게 되자 다수의 사람들이 한계를 극복하고 더 높은 성과 창출에 성공한 것이다.

일반적으로 어떤 일에 전문가일수록 오히려 부정적 사고에 강하게 빠져 있기 십상이다. 실제로 자동차 전문가들이 불가능하다던 V8엔진을 헨리 포드는 성공적으로 개발하였고, 역시 토목전문가들이 불가능하다며, 포기하자던 아산 방조제 마지막 물막이 공사를 정주영 회장은 폐유조선을 활용하여 성공시켰다. 다시 말해, 불가능하다고 믿으면 불가능하지만 가능하다고 믿고 방법을 찾아서 실행에 옮기면 가능하게 되는 것이다.

"Better Than Nothing!"

참고 : 김준영(2002), 'SUCCESS PROGRAMMING' 도서출판 스몰비지니스.
톰 피터스, 〈초우량기업의 조건〉
미국 심리학자 마틴 셀리그만(Martin E.P. Seligman) 실험 재구성.
밥 좀머(2000), 사이코 사이버네틱스.

긍정적인 생각은 삶을 긍정적으로 변화시킨다. 부정적인 생각은 삶을 부정적으로 변화시킨다. 실패에 대한 두려움은 실패로 성공에 대한 자신감은 성공으로 여러분을 안내할 것이다. 우리는 자신의 고정관념, 타성, 선입견 등에서 벗어나라는 것과 대다수의 사람들이 본인 능력의 10%도 발휘하지 못하고 있다는 것이다. 자신의 능력의 한계를 그어 버린 학습된 무력감의 족쇄를 우리들도 차고 있지는 않는지 살펴볼 필요가 있다. 과감히 고정관념에서 벗어나 지혜를 찾아나설 필요가 있다.

3. 헤드헌터와 기업가정신

　기업가정신으로 유명한 미국 뱁슨 대학(Babson Collage)의 Bygrave & Zacharakis(2013) 교수는 "지금은 기업가의 시대이다."라고 하였다.[24] 그들의 말대로 전세계 곳곳에서 새로운 사업을 일으켜서 기업가가 되거나 되려는 사람들이 끊임없이 등장하고 있다. 이러한 세계적인 흐름은 우리나라에서도 이어지고 있는데, e-나라지표 창업기업 동향에 의하면, 2017년 대비 2018년의 창업기업의 숫자는 88,099개 증가했으며[25], 중소벤처기업부도 2019년 5월, 신설법인 숫자가 8,967개로 전년 동월 대비 6.7% 증가했다.[26]

　이처럼 많은 사람들이 창업에 뛰어들면서 기업가정신을 발휘한 결과는 실로 놀랍다. 세계 최고 경제 부국으로 손꼽히는 미국은 20세기에 무려 50%의 국민이 농업이나 국내 기반 서비스업에 종사하였으나, 채 100년도 지나지 않은 21세기 초반에는 그 비율이 4% 미만으로 줄었다.[27] 그럼에도 미국의 농업과 국내기반 서비스업의 생산성은 획기적으로 높아져서 미국은 과거보다 훨씬 더 많은 부(wealth)를 누리고 있

---

24) Bygrave & Zacharakis(2013), 기업가정신, 동서미디어, Second edition, 이민화 · 이현숙 역, p.1.

25) http://www.index.go.kr/potal/main/EachDtlPageDetail.do?idx_cd=1182

26) https://www.gov.kr/portal/ntnadmNews/1924402

27) Bygrave & Zacharakis(2013), 기업가정신, 동서미디어, Second edition, 이민화 · 이현숙 역, p.5.

다. 그것은 농업을 떠난 다수의 사람들이 뛰어난 기업가정신을 발휘하여 혁신적 기업을 일으키고, 다양한 제품과 서비스를 개발하여 시장에 공급함으로써 가능했다.

그들의 활약은 미국을 세계 최고의 경제 부국으로 발돋움하게 하는 원동력이 되었다. 실제로 오늘날 우리가 편리하게 사용하고 있는 청소기, 전자레인지, 세탁기, 자동차 등 다양한 제품들은 그 결과물들이라고 할 수 있다. 덕분에 우리도 전반적인 노동 시간은 줄이면서도 생산 효율은 높일 수 있게 되었다. 그 과정에서 기업가들은 혁신적인 기업가정신 발휘의 결과로 타인에게 유익과 혜택을 제공하고, 그 보상으로 자신은 큰 부와 명예를 거머쥘 수 있었다.

같은 관점에서 헤드헌터는 오늘날 등장한 또 다른 유형의 '기업가'이자 '기업가정신 발휘의 주체'라고 할 수 있다. '헤드헌터는 어떤 측면에서 기업가라고 볼 수 있으며, 어떻게 기업가정신의 주체가 될 수 있을까?' 그 답은 '오늘날 기업들이 인재를 선발하는 과정에서 겪게 되는 어려움'과 '이를 해결할 수 있는 전문성이 헤드헌터에게 있다는 점', '그 업무 처리의 과정과 직(職)의 특성' 등에서 찾아볼 수 있다.

헤드헌터는 이른바 '인재사냥'에 특화된 '전문성'을 무기로, 인재 채용을 원하는 기업의 시간과 노력을 아껴주고, 적은 비용으로 더 높은 만족과 업무 효율을 제공하는데 기여한다. 그들은 새로운 직업을 찾아 전통적인 직업을 떠난 20세기의 기업가들처럼 고객에게 더 높은 만족과 더 높은 효율을 제공하는 '21세기형 기업가'라고 할 수 있다.

이를 좀 더 잘 이해하기 위해 최근까지 논의되고 있는 '기업가정신 이론(Entrepreneurship Theory)'에 대해서 간략히 살펴보고, 이를 '헤드헌팅'에 대입해서 둘을 비교·설명해 보려고 한다.

3.1. 기업가와 기업가정신의 의미

'기업가(Entrepreneur)'라는 말은 '최종 생산물 가격이 아직 불확실함에도 불구하고 노동력과 원자재를 도입하는 위험을 부담하는 자'를 의미한다(황보윤 외., 2018).[28] 다시 말해, 기업가는 '시장에서의 불확실성과 위험에도 불구하고, 얻어질 결과물에 대한 기대와 확신으로 시장에 뛰어들어 기꺼이 그들이 원하는 결과를 만들어내고야 마는 자'인 것이다.[29]

그러므로 소위 '기업가적인 활동'은 본질적으로 '기업가정신'이 그 토대를 이루고 있다. 기업가정신 없이는 기업가 본연의 활동을 수행하기가 어려우며, 반대로 기업가 본연의 정의에 부합하는 활동이라는 것은 기업가정신이 토대가 된 활동이라고 할 수 있다.

그렇다면 '기업가정신'이란 무엇을 의미할까? 기업가정신 개념은 굉장히 광범위하고, 다양한 설명을 내포하고 있어서 초점을 어디에 두는지 여부에 따라 다양한 정의가 가능하다. 연구자들은 필요에 따라 기업가정신을 '혁신을 이루는 것', '새로운 기회를 추구하는 것', '새로움의 창조', '새로운 조직의 창출', '신규 사업을 일으키는 것', '새로운 경영 방식을 만들어 내는 것', '새로운 가치를 만들어 내는 것' 등 다양한 방식으로 설명하고자 노력해 왔다.

그 중에서도 학자들에게 가장 자주 인용되는 슘페터(Shumpeter, 1934) Shumpeter(1934)[30]의 정의에 따르면 "새로운 제품, 서비스, 생산 방식, 조직, 재료 등의 변화를 통해 기존의 경제 질서를 창조적으로 파괴(Creative Destruction)하는 행위"라고 하였다. 이를 더욱 간결하게 표현하자면, '자원의 부족에도 불구하고, 기회를 발견하고, 추구해서 가시적 성과(즉, 경제적인 부)로 만들어 내는 능력'이라고 할 수 있을 것이다.

---

28) 황보 윤 외.(2018), 기업가정신과 창업, 이프레스, p.14.

29) 여기서 '그들이 원하는 결과'라는 것은 아마도 '부(富)', 즉, '돈(money)' 일 것이다.

30) "Change and the Entrepreneur", Essays of JA Schumpeter.

이상의 정의에 해당하는 기업가정신을 발휘하기 위해서는 필연적으로 몇 가지 요소 또는 특징들이 포함되게 마련인데, 그것을 기업가정신의 '구성요소(Structural Elements)'라고 할 수 있다. 대표적으로 '위험감수성(Risk-Taking)', '혁신성(Innovativeness)', '창의성(Creativeness)', '진취성(Proactiveness)', '독립성(Independence)', '시장지향성(Market-Orientation)' 등을 들 수 있는데, 관련 연구가 발전되는 과정에서 구성요소들이 세분화되고, 구체화되면서 그 숫자가 지속적으로 늘어나는 추세이다.

여기에서는 기업가정신을 구성하는 다양한 개념들 중에서 일부 개념들을 활용하여, 기업가정신을 기반으로 하는 '기업가적 헤드헌터(Entrepreneurial Headhunter)'에 대해서 설명해 보려고 한다.

3.2. 기업가적 헤드헌터란?

'기업가적(Entrepreneurial)'이라는 표현 속에는 '기업가정신을 기반으로 활동하는', '기업가 같은' 등의 의미가 내포되어 있다. 따라서 '기업가적 헤드헌터'는 '마치 기업가처럼 기업가정신을 기반으로 활동하는 헤드헌터'라는 의미가 될 것이다.

앞서 살펴보았던 기업가정신의 구성요소를 토대로 '기업가적 헤드헌터'를 생각해 보면, 그들은 기회를 탐색하고, 이를 실제화 시키는 과정에서 1)고객의 필요와 수요를 충족시키기 위해 창의적이고 시장지향적 발상을 토대로 2)계산된 위험을 감수하고 도전하며 3)진취적이고 독립적 성향으로 스스로 일을 이루어 나가는 사람들이다.

이제까지 누구도 '헤드헌터'라는 직업과 '헤드헌팅' 업무에 '기업가정신'을 적용해서 설명하려는 시도를 하지 않았을 뿐만 아니라 그 활동의 성격이 이러한 특징을 가졌다고 생각하지 않았다. 그러나 그들의 활동을 자세히 들여다본다면, 그 속에는 창의적이고 시장지향적인 직업인으로서의 역할을 충실히 감당하기 위한 노력이 있다는 사실을 알 수 있을 것이다.

이를 풀어서 직업인으로서 기업가적 헤드헌터의 활동상 특성을 살펴
보자.

(1) 창의적이고 시장지향적 직업인

'창의성(Creativity)'과 '시장지향성(Market Orientation)'은 기업가
정신에서 가장 중요한 핵심요소로서 '새로운 것을 생각함'과 동시에 '고
객이 필요로 하는 것을 추구'하는 것을 의미한다. 고객은 언제나 '좀 더
새롭고', '자신들의 욕구에 부합하는 제품과 서비스를 기대'하고 있다.

따라서 기업가들은 어떻게 고객의 욕구에 부합하는 새로운 제품이나
서비스를 제공할 것인지에 대해서 관심을 가져야 한다. 이를 결과로 만
들어 내기 위해 기업가들은 자신의 제품과 서비스에 대해서 끊임없이
연구·개발을 시도하고, 생산과정이나 기술을 혁신하여 새로운 제품과
서비스를 만들기 위해 노력한다.

같은 관점에서 헤드헌터는 수요자인 기업의 필요에 맞는 인재를 신
속하게 찾기 위해서 지속적인 데이터베이스(DB: Data Base) 구축을
해야 한다. 또한 고객인 기업이 필요로 하는 좀 더 새롭고 능력있는 인
재 발굴을 위해 상시적인 노력을 기울여야 한다. 이러한 활동이야말로
앞서 언급한 기업가정신의 창의성과 시장지향성의 발현이 필요한 과정
이라고 할 수 있다. 그들은 단순히 '인재를 찾는 것(즉, 결과로서의 인재 찾기)'뿐만
아니라 '인재를 찾아내는 과정(인재 찾기의 과정)'에서도 다른 헤드헌터들과 경
쟁을 한다.

이 경쟁에서 우위를 차지하기 위해서는 고객의 요구에 적합한 인재
를 좀 더 수월하고 빠른 방식으로 찾을 수 있어야 한다. 따라서 개별 헤
드헌터는 이를 위한 자신만의 방법을 개발 및 확보해 두어야 한다. 더

불어 그 방법은 헤드헌팅 업무 시간을 절약해 줌과 동시에 고객의 필요에도 적합해야 한다. 결국, 창의성과 시장지향성이 뛰어난 헤드헌터일수록 자신의 일에 대한 경쟁우위를 가질 수 있으며, 이 개념은 헤드헌터를 설명하는 중요한 요소라고 할 수 있는 것이다.

(2) 위험감수적이고 도전적인 직업인

동일한 '사안', '사건'에도 사람들은 각기 다른 해석과 반응을 드러낸다. 예를 들어, 반쯤 물이 담긴 컵을 보고, 한 사람은 "컵에 물이 반이나 있네!"라고 하는 반면 다른 사람은 "컵에 물이 반밖에 없네!"라고 하는 식이다. 이는 '위험을 대하는 태도'에서도 동일하게 나타난다. 일반적으로 기업가정신이 뛰어난 기업가들은 위험에 대해서도 보통 사람들과는 다른 특징을 드러낸다.

대체로 기업가들은 '자신이 발견한 기회를 극대화시키기 위해 생각을 행동으로 옮기는데, 그 과정에서 발생하는 위험을 기꺼이 감수하고, 진취적으로 행동하려는 성향이 매우 강하다'는 것이다. 기업가정신 분야의 세계적인 권위자인 Drucker(1985)[31] 교수는 이를 '위험감수성(Risk-Taking)'이라고 하였는데, 이 역시 기업가정신을 이루는 핵심 구성요소의 하나이다.

기업가들에게 '위험(Risk)'이란, 물리적 위험이 아니고, 사업을 진행하는 과정에서 겪게 되는 '재무적 측면의 불확실성'을 의미한다. 따라서 '경제적인 성공이 보장되지 않았음에도 불구하고, 기회를 선점하기 위해 불확실성을 감수하는 것'을 의미한다. 그 과정에서 위험을 감수한다는 것은 '도전적'이라는 말로도 표현할 수 있는데, 그렇기 때문에 기업가정신이 뛰어난 기업가들에게 자주 '위험감수적'이라거나, '도전적'이라는 표현을 사용하는 것이다.

---

31) Drucker, P. F. (1985). Entrepreneurial strategies. California Management Review, 27(2), pp. 9-25.

　이를 헤드헌팅이라는 '업(業)'의 특성에 연결하여 적용해 보자. 업계에 널리 알려진 바에 의하면, 일부 소수의 외국계 거대 헤드헌팅 회사를 제외한 대부분의 국내 헤드헌팅 회사, 즉, '서치펌(Search Firm)'의 경우 헤드헌터를 고용할 때, 별도의 고정급여 없이 개별적인 성과에 따라 급여를 받게 되는 성과급(또는 실적급)을 기준으로 삼는다.

　업계 10위권 이내 규모의 헤드헌팅 회사를 경영하고 있는 HR 컨설팅㈜ 강정대 대표에 의하면, 업계에는 "고정급, 성과급, 기본고정급+성과급 등의 급여체제가 존재하지만, 실제로 고정급은 거의 찾아보기가 힘들고, 대다수 서치펌들이 성과급으로만 운영되거나 일부 소수의 서치펌에서 기본고정급+실적급 형태의 급여체제를 운영하고 있다."고 한다.

　이러한 업계 현실은 안정적인 직장을 찾는 '안전지향적 구직자'들이나 재무적 측면의 위험을 감당하기 싫어하는 '재무적 위험 회피자'들에게는 헤드헌터가 되기 싫다거나 어렵다고 느끼게 하는 조건이다. 다시 말해, 헤드헌팅을 직업 대안으로 선택하고, 서치펌에 입사해서 헤드헌터로 활동하는 사람들은 진입 초기에 발생하는 재무적 위험[32], 또는 불확실성을 어느 정도 감수한 '위험감수성(Risk-Taking)'이 높은 사람들이자 '기업가적(Entrepreneurial)'인 사람들이라는 의미인 것이다.

　앞서 살펴 본 기업가정신 구성요소인 위험감수성 측면에서 보면, 기업가들이 '사업초기에 수입이 확보되지 않고, 성공여부가 불투명한 불확실성에도 불구하고, 남들이 보지 못한 기회를 발견하고, 이를 추구하는 과정에서 결국 수익을 만들어 내듯이', 헤드헌터들도 '해당 직업에 진입한 초기에는 안정적인 수입이 보장되지 않고, 자신의 활동이 성공적일지 여부가 불투명한 상황에도 불구하고, 활약 여부에 따라 높은 수익을 거둘 수 있다는 기회(또는 희망)를 보고, 이를 추구해 나가는 과정에서 결국 높은 수익을 실현'해 내고야 만다.

---

32) 수입이 하나도 없으면서도, 이를 감수하는…

따라서 다수의 헤드헌터들은 위험감수성 측면에서 일반적인 직장인보다 '더 높은 위험감수성을 가진 자들'이라고 할 수 있다. 이러한 위험감수성향과 기회추구성향으로 10년 정도의 경력을 가진 전문적인 헤드헌터들은 변호사, 공인회계사, 의사 등을 상회하는 연수입을 거둔다고 한다.

(3) 진취적이고 독립적인 직업인

기업가정신 연구분야에서 가장 자주 인용되는 학자 중 하나인 Lumpkin & Dess(1996)[33]는 '진취성(Proactiveness)'에 대해서 "시장 내에서 경쟁자보다 적극적인 경쟁의지와 우월한 성과를 창출하려는 의지' 또는 '시장 내 지위를 변화시키기 위해 경쟁업체에 대해 직접적이고 강도 높은 수준으로 도전하는 자세"라고 하였다. 이는 '시장에 존재하는 기회에 대한 반응'을 의미하는데, '시장에 존재하는 기회를 빨리 포착하거나 상대적인 주도권을 차지하기 위한 선제적인 움직임'을 의미한다.

따라서 진취적인 기업가들은 경쟁자들보다 먼저 새로운 기회를 차지하기 위한 면밀한 탐색을 하거나, 새로운 기회를 먼저 인지하고, 남보다 앞서서 행동을 취한다. 이를 통해 경쟁을 이끌어나가거나 경쟁에서 이길 수 있는 것이다.

이러한 성향은 일정수준 이상의 경력을 갖추고, 높은 수익을 올리는 헤드헌터들에게서 쉽게 발견할 수 있는 성향이다. 그들은 인재를 필요로 하는 잠재적 고객의 필요를 주시하고 있다가 경쟁자인 다른 헤드헌터들보다 먼저 알아차린다. 만약, 시장에서 고객이 인재를 필요로 한다는 정보를 발견했을 경우에 다른 헤드헌터들보다 먼저 선제적으로 인재 정보를 찾아내서 고객에게 제공함으로써 더 많은 수익을 거둔다.

---

33) G. T. Lumpkin and G. G. Dess(1996), "Clarifying the Entrepreneurial Orientation Construct and Linking it to Performance," Academy of Management Review, Vol.21, No.1, pp.135~172.

또한 진취적인 기업이나 기업가가 새로운 제품과 서비스를 통해 시장을 선점하려고 애쓰는 것과 마찬가지로 진취적인 헤드헌터일수록 보다 유용하고 적확한 인재 정보를 통해 다른 헤드헌터보다 먼저 고객의 필요를 충족시키기 위해 노력한다. 따라서 성공적인 헤드헌터일수록 진취적이라고 할 수 있다. 바꿔 말하면, 성공적인 헤드헌터가 되기 위해서 진취적인 성향을 갖추는 것이 필요하다고도 볼 수 있는 것이다.

한편, 경쟁자보다 먼저 고객의 필요를 찾아서 이를 충족시키는 제품, 서비스 또는 시장을 개척하는 일은 대체로 타인의 도움을 받기보다는 기업가 '스스로' 또는 '독자적'으로 수행하는 경우가 많다. 자칫 내가 발견한 기회를 남에게 뺏기는 상황에 처할 수도 있기 때문이다.

인간은 누구나 타인과의 '협력' 또는 '도움'을 필요로 하지만, 사실 정말로 눈앞에 당면한 문제는 남이 대신 해결해 주지 않으며, 그것이 '기회'라면 더더욱 혼자서 해결해야 하는 경우가 많다. 그런 측면에서 반드시 '진취성'과 함께 언급되어야 할 특성이 바로 '독립성'이다.

이러한 특성은 개별 헤드헌터들에게서도 쉽게 발견할 수 있다. 그들은 가끔 서로 정보를 주고받거나 협력하기도 하지만 그럴 경우 계약이 성사되면 도움을 준 사람과 수익을 나눠야하기 때문에 가급적이면 스스로 문제를 해결하려고 한다. 또한 헤드헌팅 과정은 제품 또는 서비스의 생산방식이 독립적이다. 실제 단일 헤드헌터의 업무를 살펴보면, 고객이 필요로 하는 인재를 서치(Search)하거나, 계약을 성사시키는 일련의 과정을 거의 독립적으로 수행할 수 있는 경우가 많다.

일부 다른 헤드헌터와 협력이 필요한 부분이 존재하기도 하지만, 대체로 업무의 성격은 독립적이라고 볼 수 있다. 이는 제품과 서비스를 생산하는 프로세스가 일반적인 제조기업의 라인(Line) 생산 방식이 아니라 헤드헌터 1인이 자체적인 제품 또는 서비스 생산이 가능한 방식이기 때문이라고 할 수 있다.

또한 그들은 재무적 측면에서도 독립적인 기업가들과 닮아 있다. 다수의 기업가들이 기업가적 활동을 통해 경제적인 독립을 추구하는 것과 마찬가지로 대다수 헤드헌터들도 회사로부터 고정급여를 받지 않고, 스스로 매출을 발생시킴으로써 재무적인 자립을 이루어 낸다. 특히 처음 헤드헌터가 되었을 때, 경험과 역량이 충분치 않으면 수입이 없을 수 있다는 금전적 불확실성에도 불구하고, 이 일에 뛰어들어서 스스로 매출을 발생시키기까지 이른다는 점에서 헤드헌터는 일반적인 직장인보다는 훨씬 독립적 성격을 갖는다고 볼 수 있다.

다만, 그 과정에서 회사에 소속되어 회사가 가진 다양한 인프라(Infra)[34]를 활용한다는 점, 일정 수준의 소속감과 회사로부터의 다양한 형태의 협력 및 지원을 필요로 한다는 점 등에서 완전히 독립적으로 존재하는 일반 기업 또는 기업가들과는 차이가 있지만, 일반 직장인에 비한다면 일정수준 이상의 높은 독립성이 헤드헌터의 특성이자, 기업가적 헤드헌터가 되기 위해 요구되는 또 하나의 특성이라고 할 수 있다. 앞서 논의한 내용을 알기 쉽게 정리하면 다음 〈표 7〉과 같다.

〈표 7〉 기업가정신 구성요소로 본 기업가적 기업가와 기업가적 헤드헌터 특성 비교

구성요소	기업가적 기업가	기업가적 헤드헌터
창의성	• 새로운 것을 생각함 • 새로운 제품·서비스 추구	• 인재를 확보하는 새로운 방법 추구 • 인재 데이터베이스(DB)에서 원활하고 신속하게 인재를 찾아내는 나만의 방법 모색
시장 지향성	• 항상, 고객의 필요가 무엇인지 찾고자 함 • 고객 욕구에 부합하는 제품·서비스 추구	• 고객의 필요에 맞는 인재 탐색 • 고객이 원하는 인재 확보를 위한 인재데이터베이스(DB) 구축

---

34) 인프라는 인재데이터베이스(Data Base:DB), 회사의 명성(Name-value), 회사가 가진 고객 네트워크(network), 사무실, 각종 집기 등을 모두 포함한다(HR 컨설팅 경영연구소, 2019).

위험 감수성	• 기회의 극대화를 추구하는 과정에서 계산된 위험을 기꺼이 감수함	• 대부분 초기 수입이 보장되지 않음에도 불구하고 일에 뛰어들어 수익을 창출해냄 • 향후 얻게 될 고수익의 가능성을 두고 현재의 재무적 위험 또는 불확실성을 기꺼이 감수함
도전 정신	• 기회 성취를 위해 도전을 망설이지 않음 • 남들이 쉽게 시도하지 못하는 것도 기회가 된다면 과감하게 도전함	• 성공여부가 보장되지 않았음(즉, 불확실함)에도 불구하고, 위험을 감수하고, 기꺼이 일에 도전함 • 초기 수입이 거의 없거나 적어서 대다수 사람들이 망설이거나 꺼림에도 불구하고 일에 도전함
진취성	• 시장 내에서 경쟁우위 확보를 위해 기회 선점을 추구함 • 경쟁자보다 우위를 확보하기 위해 강력한 의지를 발휘하기도 함 • 경쟁자보다 빠른 기회의 발견 및 선점을 위해 발 빠르게 움직임 • 경쟁자보다 우위를 갖기 위해 항상 시장을 탐색·주시함	• 고객사의 인재 수요를 주시함 • 채용 포지션 오더를 선점하기 위해 고객사 및 시장 집중 • 인재수요에 관한 시장의 변화를 주목하고, 예민하게 반응함
독립성	• 타인에게 의존하지 않고, 어려워도 스스로 문제를 해결하려고 함 • 경제적 측면에서 독립을 추구함	• 초기에 일부 회사의 자원을 활용하거나 지원을 받기는 하지만 대체로 경제적 측면에서 스스로 수익을 거두고, 운영하는 독립채산적 성격을 갖춤 • 전반적으로 독립적으로 업무를 수행함

3.3. 헤드헌터의 직업윤리

어느 직업에서나 마찬가지인 것처럼 헤드헌팅을 수행하는 과정에서도 직업적인 윤리가 필요하다. 특히, 구직자의 개인정보와 구인 수요자인 기업의 필요 인재 정보를 취급한다는 점에서 헤드헌터는 다른 직업보다 높은 수준의 윤리의식을 요구 받는다고 할 수 있다.

(1) 윤리의식을 갖춘 직업인

헤드헌팅 업무는 상호 간의 경쟁이 치열하고, '속도(즉, 시간)'가 결과를 좌우하는 경우가 많기 때문에 남보다 먼저 성과를 차지하려는 헤드헌터들 간에 불공정한 행위가 발생할 여지가 높다. 뿐만 아니라 개별 헤드헌터의 업무처리 방식은 연속적인 선상에서 자신의 처리 결과나 타인의 처리결과를 서로 공유하기보다는 대체로 개인 단위에서 시작과 끝이 이루어지기 때문에 처리 중에 발생되는 비윤리적 행위가 타인에게 발견되거나 외부에 공개될 가능성이 높지 않은 편이다.

바꿔 말하면, 헤드헌터 개인의 생각과 행위에 따라 얼마든지 비윤리적인 행위가 발생할 가능성이 있다는 것이다. 그렇다고 모든 헤드헌터들을 잠재적 범죄자 취급을 하는 것은 바람직하지 않지만 헤드헌터의 직업윤리에 대해서만큼은 반드시 한 번 짚고 넘어가야 할 부분이라고 생각된다.

헤드헌터의 비윤리적, 비도덕적 행위의 가장 대표적인 사례는 '구직자 또는 기업의 비밀을 제대로 지키지 않는 경우', '개인정보를 업무 이외의 용도로 사용하는 경우', '타인의 개인정보나 기업 정보를 활용해서 부당한 이익을 취하는 경우', '구직자 한 명을 2개 이상의 회사에 소개해서 임의의 회사가 피해를 보개 되는 경우', '다른 업체와 계약을 맺고 있는 기업에 은밀히 접근해서 다른 새로운 계약 또는 이중 계약을 맺도록 하는 경우' 등을 들 수 있다.

특히, 헤드헌터는 개인의 완전한 정보 일체를 취급할 뿐만 아니라 기업 측면에서도 중요한 전략이 노출될 수 있는 정보를 취급하는 직업이기 때문에 다른 무엇보다도 헤드헌터의 윤리의식은 중요하고, 아무리 강조해도 지나치지가 않다.

(2) 전문성을 갖춘 직업인

인재추천을 위해서는 먼저 기업이 필요로 하는 인재의 직급 또는 직책, 연봉 수준, 스펙 등 중요하고 공개되기 원치 않는 주요 정보들을 확보해야 한다. 또한 지원자에게 기업이 필요로 하는 어떤 자리를 제안을 하기 위해서는 기업의 이름, 소개, 홈페이지, 매출, 원하는 포지션, 급여수준, 복리수준, 평판 등의 주요 정보를 확보해야 한다.

이처럼 헤드헌터는 '구직자인 개인'과 '구인자인 기업' 사이에서 양쪽의 중요한 정보를 토대로 서로를 연결시켜주는 연결자의 역할을 수행해야 하는 것이다. 따라서 양쪽의 필요와 그에 따른 구체적인 정보를 제대로 확보하고 있어야만 이를 성사시킬 수 있는 것이다. 그런데 만약 그 과정에서 헤드헌팅 회사 또는 헤드헌터 개인이 이러한 정보를 본래의 목적과 다르게 사용한다면 어떨까? 아마도 그 피해는 개인과 기업 양쪽 모두에게 상당한 수준으로 돌아갈 것이다.

그렇기 때문에 헤드헌터는 자신의 업무에 대한 책임감과 윤리의식을 가지고 업무에 임해야 하는데, 구체적으로 고객의 필요를 채워주는 서비스 제공자이면서 기업의 가장 중요한 전략 중 하나인 인재채용에 관한 업무를 다룬다는 점에서 전문성을 갖추어야 한다. 특히, 적재적소에 필요한 인재를 적은 비용과 노력으로 채용하기 원하는 고객사가 비용을 들여 채용한 사람이 기대 이상의 성과를 내지 못하거나 해당 기업에 가서 조직 분위기를 해치거나 심지어는 성과에 부정적 영향을 미치게 된다면 이는 해당 기업에게 피해를 줄 뿐만 아니라 헤드헌팅 업계 전반에 대한 부정적 인식을 갖게 할 수 있다.

마찬가지로 채용을 원하는 구직자가 헤드헌터를 통해 어떤 기업에 취업을 했는데, 사전에 얻은 회사에 대한 정보가 정확하지 않고, 기대했던 것과 다른 조직문화, 분위기, 처우, 급여 등을 받게 된다면 역시 개인적 측면에서도 시간과 비용에 대한 손실을 입게 됨은 물론이고, 전체 헤드헌터에 대한 부정적 인식을 갖는 결과를 만들 수 있다. 따라서 양쪽의 이해당사자에 관한 사전 정보를 충분히 파악하고, 서로의 필요와 절충점을 잘 찾아서 매칭시킬 수 있는 능력이야말로 헤드헌터가 갖추어야 할 직업인으로서의 전문성이라고 할 수 있으며, 이러한 전문성을 갖추는 것이 헤드헌터의 주요한 직업윤리 중 하나라고 할 수 있을 것이다.

(3) 성실한 직업인

여기서의 '성실'은 '신의(信義)'를 포함하는 개념이라고 할 수 있다. 즉, 직업인으로서의 행위가 '상대방의 신뢰에 반하지 않고, 성의있게 이루어짐'을 의미하는 것이다. 결국, 헤드헌터의 성실한 업무 수행은 상호 간에 오해의 소지를 만들지 않고, 필요한 정보를 적절하게 확보하고, 필요한 만큼의 사용을 통해 양쪽의 기대와 필요를 충족시켜 주는 역할을 충실히 수행함을 의미한다고 봐야 할 것이다.

그 과정에서 어느 한 쪽으로 치우침 없이 객관적이고 공정한 업무 수행을 해야 하며, 이를 통해 양쪽의 이해관계가 서로 대립하지 않도록 지속적인 관리와 노력이 필요하다. 개인과 기업이 헤드헌터에게 자신의 급여, 매출 등 주요 정보에 해당하는 내용을 오픈하는 것은 서로가 필요로 하는 직종과 직군에 적합한 인재를 추천해 주고, 자신이 원하는 좀 더 나은 일자리를 구해 줄 수 있을 것이라는 기대와 믿음이 있기 때문일 것이다. 따라서 헤드헌터는 이러한 믿음에 대한 배신 없이, 필요한 시기와 일의 진행상태에 맞게 적절한 정보와 서비스를 성실하게 제공하고, 처리하는 직업인의 역할을 충실히 감당해야 한다.

그런 점에서 헤드헌터는 성실한 직업인이어야 할 것이다.

　　이상의 내용을 토대로 헤드헌터에게 요구되는 정리한 것이 〈표 8〉
이다.

〈표 8〉 헤드헌터에게 요구되는 윤리특성과 그에 따른 윤리적 행위

윤리 특성	직업인으로서 수행해야 할 윤리적 행위
윤리성	• 타인은 알지 못하는 비밀스런 불공정 행위 발생의 가능성을 인지함 • 발생 가능한 비윤리적 행위를 인지하고 스스로 통제함 • 구직자와 기업의 정보를 외부로 공개하지 않음 • 개인정보를 업무 이외의 용도로 사용하지 않음 • 타인의 정보를 활용해서 부당한 이익이나 개인의 이익을 취하지 않음 • 한 명의 구직자를 2개 이상의 회사에 소개해서 피해를 끼치게 하지 않음 • 타 업체와 계약 관계가 있는 기업에 은밀히 접근해서 새로운 계약이나 이중계약을 맺도록 하지 않음
전문성	• 고객사가 필요로 하는 지원자 정보가 무엇인지 정확하게 인지 · 파악하고 있음 • 구직자가 필요로 기업 정보에 대해서 충분히 파악하고 있음 • 양쪽(고객사와 지원자)의 중요 정보를 토대로 서로의 필요를 조정하고, 적절한 연결을 통해 계약을 성사시킴 • 확보된 정보는 업무 절차상의 필요에 따라서만 사용하고, 최적의 결과를 위해서만 활용함 • 발생가능한 부정적 결과를 예측하고, 이를 방지하려는 노력을 사전에 적절하게 기울임
성실성	• 상대방의 신뢰에 반하지 않고 성의있게 업무를 처리함 • 업무 수행 중 상호 간에 오해의 소지를 만들지 않고자 노력함 • 필요한 정보를 적절하게 활용해서 양쪽의 기대와 필요를 충족시키고자 노력함 • 한 쪽으로 치우침 없이 객관적이고 공정한 업무 수행을 함 • 양쪽의 이해관계가 대립하지 않도록 꾸준히 노력함 • 헤드헌터에 대한 고객사와 지원자의 기대와 믿음을 저버리지 않도록 노력함

기회의 신 그리스 카이로스 Kairos

▶ 이탈리아 트리노 박물관에는 그리스 신화에 나오는 기회의 신 카이로스Kairos 동상이 있다. '카이로스'는 특별한 '기회(Chance)' 즉, 기회를 잡을 수 있는 순간을 뜻한다. 철학에서는 인간이 살면서 대면할 수 있는 '결정적인 순간' 자체를 말한다.

카이로스 동상은 벌거벗은 사람 모습이다. 앞머리는 머리숱이 무성하고, 길지만 뒷통수는 완전한 대머리이다. 양발 뒤꿈치에는 날개가 달려있고, 한 손에는 저울을 쥐고 있으며, 다른 한 손에는 칼을 들고 있다.

이러한 모습을 처음 본 사람들은 처음에는 어리둥절하다가, 동상의 코믹한 모습으로 인해 웃음을 터트리고는 한다. 그러다가 동상 아래에 쓰인 글귀를 읽고, 그 모양에 대해서 이해하고 나면, 많은 생각에 빠지게 된다고 한다.

동상 아래 쓰여 있는 글을 대략적으로 옮겨 보면, 아래와 같다.

▶ 동상 아래에 쓰인 글

"나의 앞머리가 무성한 이유는...

사람들이 내가 누구인지 금방 알아차리지 못하게 하기 위해서이면서
동시에 나를 발견했을 때는 쉽게 붙잡을 수 있도록 하기 위함이다.

나의 뒷통수가 대머리인 이유는...

내가 지나가고 나면 다시는 나를 붙잡을 수 없도록 하기 위해서이다.
또한 나의 양발에 날개가 달린 이유는 최대한 빨리 달아나기 위해서이다.

왼손에 저울이 있는 것은 일의 옳고 그름을 정확히 판단하라는 것이며,
오른손에 칼이 주어진 것은 칼날로 자르듯이 빠른 결단을 내리라는 것이다.

나의 이름은 기회(Chance)다."

▶ 기회란, 어떤 일을 하는 데에 가장 좋은 '시기'나 '경우'를 뜻한다. 다른 분야에서와 마찬가지로 비즈니스에서도 '운(Luck)'이라는 것이 있는데, 이것이 제대로 작동하려면, 적절한 기회를 포착해야 한다. 다시 말해, 운은 기회를 제 때에 제대로 포착했을 때 오는 것이라고 할 수 있다.

그렇다면 기회는 어떻게 포착해야 하는가? 그에 대한 답을 카이로스 동상 아래에 쓰인 글이 알려주고 있다고 할 수 있다. 다시 말해, 기회를 포착하기 위해서는 '사전에 철저히 준비하고 기다리다가 기회가 다가왔을 때, 달아나지 못하도록 앞머리를 꽉 움켜쥐고, 저울을 꺼내 달아보고 분별하고 판단하여 칼같이 결단하고 실천'해야 한다. 동상 아래의 글에는 기회 포착을 위한 구체적인 방법이 담겨있음을 놓치지 말아야 한다.

출처 : HR컨설팅 경영연구소 재구성
Bygrave & Zacharakis(2013), 기업가정신, 동서미디어, Second edition, 이민화 · 이현숙 역, p38. 일부 인용

헤드헌터의 눈

인생에서 다시 돌아오지 않는 네 가지가 있다고 한다. 첫째가 '입 밖으로 나온 말', 둘째는 '시위를 떠난 화살', 셋째는 '흘러간 세월', 그리고 넷째는 '놓쳐버린 기회'라고 한다. 즉, 한 번 놓쳐버린 기회는 다시 돌아오지 않는다. 기회는 철저히 준비된 자만이 포착할 수 있다. 준비되지 않으면 기회가 다가와도 붙잡을 수 없다. 카아로스 동상 아래 쓰인 글은 이러한 기회의 특성을 잘 묘사하고 있다. 기회를 포착해야 운이 따른다. 그러나 "운이 따르는 정도라면 성공은 저절로 뒤따라오지 않을까?" 생각해 본다.

좋은생각

"행복이란

그 자체가 긴 인내이다."

-까뮈-

II

입문과정
(이론편)

1. 헤드헌팅 업무 Process 개요

1.1. 헤드헌팅 업무 프로세스의 이해

▶ 헤드헌터 실무 프로세스

헤드헌터는 고객사로부터 경력지원 채용의뢰를 받아서 그에 적합한 후보자를 발굴 및 평가 그리고 선별하여 고객사에 추천하고, 고객사의 채용절차에 따라 후보자를 채용할 수 있도록 역할을 수행함으로써 그에 대한 대가로 헤드헌팅 수수료를 받는 직업을 말한다. 이에 헤드헌터 실무를 이해할 수 있는 업무프로세스 즉, 헤드헌팅 업무라 처리되는 일련의 과정을 아래와 같이 도식화해 볼 수 있다.

〈그림 4〉 헤드헌터 업무 프로세스

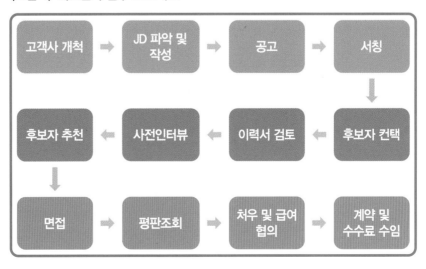

▶ 헤드헌팅 실무 단계별 프로세스

헤드헌팅이 이루어지는 과정을 단계별로 나눠 보면 아래 표와 같이 모두 여섯 단계로 나눠 볼 수 있다. 해당 내용을 아래 〈표 9〉에 정리했다.

〈표 9〉 헤드헌팅 실무의 단계별 구분

1 Step	산업에 적합한 인재 시장조사 (Right People)	• 해당 산업 특성 이해 및 채용기업의 needs 파악 • 필요 인재 발굴을 위한 서칭 전략 수립
2 Step	인재 서칭 및 적합한 인재 발굴	• 필요인재에 대한 JD(job-Description) 　- 채용조건, 경력사항, 개인역량, 개인자질 등 파악 • 동종 및 유사업종의 인재 서칭을 통해 후보자 List 확보(약 10~20배수)
3 Step	경력사항 검증 및 평가	• 후보자 사전 인터뷰 　- 인적사항, 학력, 경력, 자격 및 실무역량, 인성, 업무적합성 등 파악 　- 채용기업 소개(조직구성, 영입배경, 기업 비전, 문화, 담당직무 등)
4 Step	최종 후보자 선정 및 추첨	• 추천 후보자 선정(약 3~5배수) • 채용기업에 대한 후보자(인재) 추천
5 Step	채용기업-후보자 인터뷰	• 서치펌 추천 후보자 대상 고객사의 심층 인터뷰 　- 1~4차 단계별 심화 인터뷰 진행
6 Step	입사 및 처우 협상	• 채용 확정 후 오퍼 레터(Offer Letter : 처우) 　- 연봉, 직급 및 직책, 인정 경력, 근무 부서, 담당 업무, 출근 일자 등
7 Step	채용 확정 / 출근	• 입사 확정 / 오퍼 레터(Offer Letter : 처우) 서명, 날인 • 출근

※ 출처 : HR컨설팅(주)

2. 헤드헌터 실무 Process 이해 I

2.1 헤드헌팅 실무의 A to Z

헤드헌팅이란 서치펌 소속으로 활동하는 헤드헌터가 실시간으로 이직이나 구직을 원하는 인적자원을 서칭 및 발굴하여 인재 데이터베이스에 구축한 후 고객사로부터 신규 채용 포지션이 오픈될 때마다 고객사에서 원하는 인재를 매칭한 후 적합하다고 판단되는 후보자를 고객사에 추천하는 것을 말한다.

또한 고객사에 적합한 인재를 직접 찾아다니면서 핵심인재에게 비밀스럽게 접근하여 스카우트 제안을 통해서 해당기업으로 이직의사를 타진하기도 한다. 따라서 해당업무를 하는 직업을 가진 사람을 헤드헌터라고 한다.

2.2 헤드헌팅 비즈니스의 핵심 3요소

헤드헌팅 비즈니스가 이루어지기 위해서는 크게 세 가지의 핵심 요소와 그들 간의 원활한 관계가 형성되어야 한다. 구체적으로 '서치펌(Search firm)', '고객사(Client)', '후보자(Candidate)'를 들 수 있다. 이들 세 주체가 서로 무엇을 주고 받으며, 어떻게 상호작용하는지를 알기 쉽게 그림으로 작성한 것이 아래 〈그림 5〉이다.

〈그림 5〉 헤드헌팅 비즈니스의 핵심 3요소

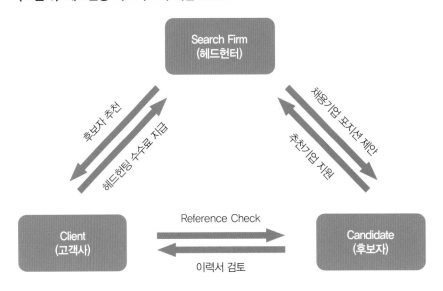

　기업에서 서치펌으로 헤드헌팅을 의뢰하는 가장 큰 이유는 빠른 시간에 기업에 맞는 맞춤채용이 가능하다는 것이다. 또한 공정성과 객관성 그리고 전문성을 바탕으로 경력직 채용을 신뢰할 수 있기 때문이다.

　최근 헤드헌팅 서비스에 만족한 고객사로부터 더욱더 헤드헌팅 서비스의뢰가 대중화, 보편화 되고 있는 실정이다. 이에 많은 전문성을 갖춘 4차 산업혁명 시대에 맞는 전문인력 채용이 점점 증가할 것으로 전망하고 있어 앞으로 서치펌(Search Firm) 소속의 더 많은 전문 헤드헌터가 육성될 필요성이 대두된다. 따라서 지금부터 헤드헌터 실제업무를 알아보고자 한다.

2.3. 고객사로부터 포지션 의뢰 받기

　헤드헌팅 업무 중에 가장 중요한 업무 중에 첫 번째 성공요소가 고객사 개척이다. 고객사 개척만이 헤드헌터 성공의 열쇠라 할 수 있다. 그만큼 헤드헌팅 업무에서 핵심요인 중에 하나이다.

(1) 유형별 고객사 개척방법

헤드헌터는 아래의 내용을 참고하여 고객사 개척을 할때 자신의 상황에 맞게 단계별로 고객사 개척을 해본다면 성공적인 고객사 개척을 할 수 있을 것이다.

첫째, 자신이 근무했던 기업부터 컨택하기
둘째, 자신의 인적네트워크를 활용해서 컨택하기
셋째, 자신의 전문성에 기반한 관련업체 컨택하기
넷째, 잡포털에서 기업의 구인공고 보고 컨택하기

(2) 고객사 요구 JD(Job-Description) 파악

헤드헌터는 고객사로부터 채용의뢰를 받을 때 일반적으로 채용직무 내용과 채용조건에 적합한 상세 직무기술서(Job-Description:JD, 이하 JD)를 받게 되는데, 그 직무기술서를 줄여서 'JD'라고 부른다. 일반적으로 직무기술서에는 담당업무, 경력사항, 직급, 성별, 학력, 연령대, 연봉, 복리후생, 근무지, 전형방법, 자격 조건 등 세부적인 업무내용 및 회사의 다양한 정보를 담고 있다. 경우에 따라서 일부내용은 생략되기도 한다. 따라서 헤드헌터는 채용직무에 적합한 후보자를 찾기 위해서는 고객사에 대한 많은 채용 정보를 파악하고 있는 것이 무엇보다도 중요하다. 그러기 위해서 평소 고객사의 인사담당자들과 돈독한 신뢰관계를 형성해 두거나 수시로 커뮤니케이션을 함으로써 원활한 관계를 구축해 두는 것이 석세스 확률을 높이는 방법이라 할 수 있겠다.

이하에는 실무에서 주로 사용되는 '직무기술서(Job-Description) 양식 샘플(Sample)'을 제시해 두니 필요에 맞게 활용하기 바란다.

(3) 직무기술서와 직무명세서 차이

■ **직무기술서(Job description)**

직무 그 자체의 특성(과업, 임무, 책임), 쉽게 말해 직무 수행과 관련
된 과업 등 직무정보를 일정한 양식에 기술한 내용을 말한다.

REQUEST FOR RECRUITMENT

1. 인력충원요청서

조직명	재무팀	직군	매니저	직종	재경	직무	회계

	Career Level		과장급	
1. 직무정의	직무미션		일반회계 처리 및 결산업무 수행	
	주요 과업/활동		연결재무제표 및 주석 작성	
2. 필수조건	신분(정규직/계약직)		정규직	
	채용방식		수시	
	성별 / 연령		성별 : 무관 / 연령대 : 41세 이하	
	학력		대졸 이상	
	전공	요구	상경계열 (회계, 경영, 경제 등)	
		권장	없음	
	어학	필수(수준)	어학성적 무관	
		권장		
	자격증 및 우대사항		CPA, AICPA, 세무자 자격증 우대	
3. 직무자격요건	요구경험	산업(기간)	제조, IT, 건설, 서비스(호텔업 제외) 업종 관련 중견그룹 (자산총액 5천억 이상) 재무, 재경 관련 부서 10 ~ 15년 (과장급)	
		직무(기간)		
	지식		연결재무제표 작성 경험 3년 이상 (필수) 개별 재무제표 작성 경험 3년 이상 감사보고서 주석 작성 경험자 우대 부가세 등 기초 세무업무 경험자 우대 세무조사 유경험자 우대	
	스킬			
	역량			
	해외근무경험		무관	
	기타		없음	

Human Resources

■ 직무명세서(Job Specification)

직무 수행에 필요한 인적 요건이나 특성, 쉽게 말해 직무 수행자의
인적요건을 명시한 내용을 말한다.

〈표 10〉 직무기술서와 직무명세서의 차이점 비교

직무기술서(Job Description)	직무명세서(Job Specification)
– 직무 개요(직무명, 소속부서, 직급 등) – 직무 미션 – 직무 내용 (업무 R&R, 핵심업무 활동, 수행방법) – 핵심평가지표 – Competency – 조직 내 위치 – 주요 고객, 커뮤니케이션 대상	– 학력, 전공, 자격증 / 면허 – 지식 / 기술 – 능력, 성격, 적성, 가치관 – 태도 – 경험, 경력 – 자격요건

〈그림 6〉 직무기술서와 직무명세서 차이 비교

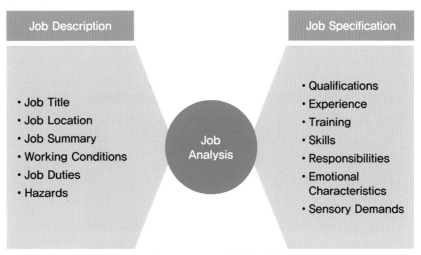

※ 출처: 모건앤뱅스 컨설팅의 HR Review(2017. 2. 14), HR컨설팅(주) 재작성

2.4. 후보자 서칭 및 컨택 하기

(1) 후보자 채용 공고 올리기

헤드헌터는 상세 직무기술서(Job-Description) 파악 후 서칭 전략 방향성을 설정한 후에 잡포털을 통하여 후보자 채용공고를 게재하도록 한다. 채용공고를 올린 후 포지션이 마감이 될 때까지는 수시로 공고 업데이트를 하여, 공고를 보고 지원할 잠재 후보자들이 보다 많이 지원할 수 있도록 공고 관리를 잘 하는 것이 헤드헌터의 성과를 높일 수 있는 최상의 방법이라 하겠다.

후보자 서칭을 위해서 가장 먼저 하는 업무는 헤드헌팅 채용공고를 올리는 것이다. 채용공고는 보통 잡포탈 사이트를 활용하여 올리는 방법과 자사 홈페이지에 올리는 방법으로 구분할 수 있겠다. 일반적으로 잡포털 사이트를 활용하여 채용공고를 올리는 것이 일반적인 방법이다. 여기에서는 HR컨설팅(주) 홈페이지에 공개되어 있는 채용공고와 주요 잡포탈 사이트에 올라 있는 채용공고들을 살펴보려고 한다.

Ex.1 HR컨설팅(주) 홈페이지 공고 참조(고용서비스 우수기관)

www.hrcon.co.kr

Ex.2 대표적인 잡포털 사이트 소개

www.jobkorea.co.kr

www.saramin.co.kr

헤드헌팅이란 무엇인가?

www.incruit.com

www.peoplenjob.com

Ex.3 잡포털에 채용공고 올리는 실무 내용

▣ **의뢰사**
　- 대기업

▣ **JOB POSITION**
　- 전사 전략기획 실장(임원) 급초빙

▣ **주요업무**
　1. 전략기획 및 경영기획 총괄
　2. 신사업기획 / 사업전략 수립
　3. 사업성검토 / 실적분석 / 프로세스 개선

▣ **우대사항**
　1. 대형 컨설팅 펌 또는 대기업 전략기획 및 경영기획 임원 경력자 우대

▣ **자격사항**
　1. 경력 : 15년 이상 / 학력 : 대졸 / 나이 : 무관 / 성별 : 무관

▣ **복리후생**
　1. 회사 사규에 따름
　2. 근무시간 : 주5일제 근무
　3. 연봉 수준: 협의 / 근무지 : 서울

▣ **서류제출 기한**
　- 채용시 마감(ASAP)

@ 이메일 접수시 제출서류 @

1. 이력서/자기소개서 (사진첨부 / 연락처 및 희망 연봉기재 /근무회사 소개 및 주요 경력업무 위주로 기재)

* 이메일 제목에 '성명 – 지원분야' 기재 바랍니다.

　@ 문의사항 연락처정보 @
　 * HR컨설팅(주) 대표 컨설턴트 강정대 대표입니다.
　 * 당사참고 사이트: www.HRcon.co.kr
　 * 직통 : 02–522–3882 / 휴대폰 : 010–9978–3***
　 * E–mail주소 : kjd0518@hrcon.co.kr
　 * 문의 시에는 꼭 채용 제목을 기억해주십시오.

※ HR컨설팅㈜는 구직을 의뢰한 분의 신원은 철저히 보안을 유지하고 있으며,
　 구직을 의뢰한 분에게 일체의 사례를 받지 않습니다.

(2) 후보자 서칭(탐색)

■ 인재 서칭의 기본 4가지 방법

고객사 채용포지션의 적합한 후보자를 서칭하기 위해서는 일반적으로 4가지 온라인(잡포털/링크드인/facebook/SNS 등), 오프라인(개인 인적네트워크 활용/직접 찾아다니면서 스카우트제안/헤드헌터 개인 DB, 후보자를 통한 지인소개 등), 사내 인재 DB시스템을 활용, 사내 동료 헤드헌터와 내부 Co-work등의 방법 등을 활용하여 고객사에서 필요로 하는 우수한 인재를 타겟팅하여 맞춤 서칭을 한다.

아래의 그림은 이와 같은 4가지 인재 서칭 방법을 알기 쉽게 그림으로 표현한 것이다(〈그림 7〉 참조).

〈그림 7〉 인재 서칭의 4가지 방법

(3) 후보자 컨택

후보자 컨택을 위해서는 가급적 많은 후보자를 서칭하는 것이 중요하다. 단순히 채용 인원의 5명~10명 정도만 컨택하는 것이 아니고, 채용 포지션 당 최소 20~30명 정도 컨택을 하는 것이 성공확률을 높이기 위한 핵심 포인트이다. 다만, 후보자 컨택은 신중하게 해야 한다. 왜냐하면, 경쟁력 있는 후보자 한 사람만이 기업에 채용되기 때문이다. 후보자를 컨택하는 방법은 크게 2가지 방법으로 구분할 수 있다.

첫째, 전화접근방법 : 전화는 최대한 간결하게 컨택하여 지원의사를 타진해 본다.
둘째, 메일접근: 후보자가 지원하고 싶은 마음이 들도록 최대한 상세하게 작성한다.

〈그림 8〉 후보자 컨택 방법

이하에는 후보자를 컨택할 때, 추천을 위한 안내 메일을 보내는 방법을 간단히 소개한다.

※ 후보자에게 컨택시 추천안내 메일 보내기…

- 첫째: 인사말
  - 후보자에게 포지션에 대한 정보 및 기업소개 안내 메일

- 둘째: 회사사업관련 자세한 정보 안내
  (ex. 업종 / 설립년도 / 매출액 / 조직구성 및 인원 / 주요아이템 / 경영방침 /

비전 / 분위기 / 홈페이지 주소 등 안내)

- 셋째: 업무세부 관련사항
  - 세부적인 담당업무 / 경력적합성 / 외국어 / 연봉 / 복리후생 / 직급 / 진급연
    한 등

- 넷째: 회사 또는 헤드헌터의 서비스가 타 서치펌과 차별화된다
  는 것을 후보자가 느끼도록 다양한 정보제공과 함께 신뢰
  를 줄 수 있도록 하는 것이 중요하다.

- 다섯째: 후보자에게 추천안내 메일을 보낼 때 후보자가 자신의
  경력을 작성해서 보낼 수 있도록 회사 이력서 양식을
  첨부하여 보낸다.

Note

다음은 실제 업무에서 활용되고 있는 JD(Job Description) 샘플이다.

※ 채용포지션 JD 샘플

안녕하세요? HR컨설팅 헤드헌터 강정대 대표입니다.

고객사의 요청으로 인재를 찾던 중에 적합한 인재로 판단되어 연락 드립니다. 검토 후에 지원의사가 있으시면 빠른 시일내에 본인에게 국문이력서 1부를 보내주시면 바로 고객사에 추천하도록 하겠습니다. 지원서 양식은 유첨한 양식을 활용하시거나 별도의 다른 M/S 워드 형식의 이력서가 있으시면 UP-DATE하여 보내주시면 됩니다.

연봉, 직급 등은 후보자의 경력, 역량을 감안하여 협의 결정되나 일반 사무직 직급별 연봉체계 등에 대하여 궁금하신 사항이 있으시면 언제든지 본인에게 연락을 주시면 성심껏 답변드리도록 하겠습니다.

1. 회사 개요 : 00그룹의 계열사로서 1970년도에 설립되어 지난 40년간 사업 중심으로 큰 성과를 거두며 성장한 기업입니다.
   1) 매출액 : 00조원(2019년 기준) / 2) 본사 소재지 : 서울 00구

2. 채용포지션

모집부문	모집인원	담당업무	지원자격
인사담당 과-차장급	0명	- 국내/해외인사관리 - 인사기획 및 평가보상 - 채용 및 노무	4년 대졸 이상

- 특기사항
  - 우대조건
    대기업 경력자, 사내외 컨설팅/교육 등을 통한 신인사기획 등
    업무수행 경력자, 유명컨설팅 회사 경력자

  - 기타 정보
    국내인사, 해외인사 총괄이나 해외인사 경력 없어도 무관
    인사팀 내 국내인사 담당 대리 1명, 해외인사 담당 사원이 업무 BACK-UP

3. 근무장소 : 0000상사 본사(00구 00동 0000 빌딩)

4. 전형절차 : 서류전형-1차 면접-2차 면접-최종합격

5. 서류마감일 : 적합 인재 채용 시 즉시 자동 마감됨(ASAP)

6. 지원방법 : 국문 입사지원서 1부(MS워드 양식)
   - 자기소개, 최종연봉, 희망연봉 기재 요망

대단히 감사합니다.

(4) 후보자 적합성 검토

헤드헌터는 후보자를 고객사에 추천하기 전에 다시 한 번, 검증할 필요가 있으며, 이때 후보자 사전 인터뷰를 통해서 후보자가 채용기업 직무내용과 경력, 스펙, 성격 그리고 기업문화 등 적합한지를 면밀히 검토한 후 추천여부를 신중히 결정하도록 한다.

(5) 후보자 사전 인터뷰

후보자를 사전에 인터뷰 할 때에는 후보자가 제출한 이력서에 기술한 내용이 정확한지 꼼꼼하게 확인해야 한다. 일반적으로 다음과 같은 내용을 정확하게 확인하는 것이 중요하다.

– 후보자 학력사항 및 경력사항, 현재연봉 및 희망연봉 확인하기

– 후보자 소통능력, 업무성과, 성격, 마인드, 해당 기업문화 적합성 매칭하기

– 이직 또는 구직 사유

"면담 없는 후보자 추천은 성공확률이 낮아진다!"

(6) 이력서 작성 및 검토사항

"이력서란 무엇인가?"

– 이력서는 후보자 자신을 PR하는 도구이다.

– 기본적인 이력서는 후보자 자신이 신중하게 작성해야 한다.

이력서의 기본구성요소는 아래와 같다.

첫째. 인적사항
둘째. 학력 및 기본 경력사항
셋째. 상세경력사항 및 세부자격사항
넷째. 자기소개서

이력서는 후보자 자신을 PR하는 도구임과 동시에 후보자 자신의 얼굴이다. 그렇게 때문에 후보자는 자신의 이력서를 작성하는데 신중을 기해서 자신의 업무 경력사항과 장점 등이 잘 나타날 수 있도록 디테일하게 작성하여야만 기업으로부터 좋은 결과를 얻을 수 있다. 이때 후보자가 바쁘다는 이유로 간혹 담당 헤드헌터가 후보자의 이력서를 어느 정도 작성해주는 경우가 있는데 이런 행동은 헤드헌터나 후보자나 절대 하지 말아야 할 행동이다. 또한 헤드헌터는 후보자들의 이력서를 꼼꼼하게 확인하면서 부족한 내용이 무엇인지 하나씩 이력서를 검토하여야 한다. 이를 토대로 아래에 활용 가능한 이력서 샘플 및 양식을 제공하니, 참고하면 도움이 될 것이다.

Note
....
....
....
....
....
....
....

RESUME

지원일자	2019.00.00
지원회사	지원 회사명 기입
지원분야	지원 포지션명 기입

인적 사항

학력 사항

- 2000.03 ~ 2000.02   000대학교 대학원(서울) 경영학과 박사 졸업
- 2000.03 ~ 2000.02   000대학교 대학원(서울) 경영학과 석사 졸업 (3.30 / 4.5)
- 2000.03 ~ 2000.02   000대학교(서울) 00과 졸업 (3.4 / 4.5)
- 1900.03 ~ 1900.02   0000 고등학교(서울) 졸업

핵심 역량

- 가나다
- 지원포지션 JD(Job Description)에 기술된 담당업무, 자격사항 등을 고려
- Key Word 중심으로 핵심사항을 기술
- 3~5개 항목 내외

주요성과

- 지원포지션 JD(Job Description)에 기술된 담당업무, 자격사항 등을 고려
- 본인이 달성하거나 기여한 성과/실적 요약, 가능하면 수치를 포함하여 작성
- 3~5개 항목 내외

경력 요약 (총 경력 00년 00개월)

- 지원포지션 JD(Job Description)에 기술된 담당업무, 자격사항 등을 고려

- 본인이 달성하거나 기여한 성과/실적 요약, 가능하면 수치를 포함하여 작성

- 3~5개 항목 내외

상세 경력 사항

1. 2000.00 ~ 현재(00년00개월), OOOO회사 마케팅본부 OO팀장/부장 재직

　　▶ 회사소개 : 주요 사업 또는 아이템
　　▶ 매출 : X,XXX억 원
　　▶ 직원 수 : X,XXX명 (20XX년 기준)

[담당업무]
● 가나다…
● 가나다…
● 가나다…

[주요업무 / 프로젝트]
● 가나다…
● 가나다…

[주요성과 / 실적]
● 가나다…
● 가나다…

[퇴직사유] 퇴직사유 / 이직희망 사유 기술

2. 2000.00 ~ 2000.00 (00년00개월), OOOO회사 국내영업본부 OO팀/차장

　　▶ 회사소개 : 주요 사업 또는 아이템
　　▶ 매출 : X,XXX억 원
　　▶ 직원 수 : X,XXX명 (20XX년 기준)

[담당업무]
● 담당업무, 주요 업무/프로젝트, 주요성과 기술
● 가나다…
[퇴직사유] 퇴직사유 기술
● 가나다…
● 가나다…

추가 정보

[어학사항]
- 영어 Fluent(비즈니스 회화 가능)
  : Reading 상 / Listening 상 / Speaking 상 / Writing 상
- 공인점수 : OPIc IH(2016. 11), TOEIC 920점 (2017. 01)

[자격사항]
- 공인회계사(KICPA), 금융감독원, (2001.01)
- 자격명, 인증기관, 일자

[보유기술/능력]
- MS-Office 활용능력(Word, Excel, PPT) 상급
- DB관리 툴 사용 가능(SQL)
- 다양한 통계분석 툴(SAS, SPSS, SQL) 사용 및 분석 가능

[교육/연수/논문/학술/특허]
- 석사학위, OOO대학교 대학원, 0000년
- OOO 스쿨 (OOOO, 2000.00~2000.00)
- University of oooo 연수(2010.8 ~ 2011.06)

[수상내역]
- OOO 장관 상 (수상처명, 2000.00)
- OO회사 우수사원 표창 (2014. 1) / OO회사 OO본부 Sales Record 수상
  (2013.12)

[병역사항]
- 육군, 보병, 병장 만기 제대 (2004. 10 ~ 2007. 01)

[보훈대상] (예 / 아니오) (보훈번호:)

자기 소개서 (자유양식)

안녕하세요. 저는 이번에 귀사의 00 직군에 지원하게 된 000입니다.
~~~~~~~~~~

[업무스타일]
I am a hard woker ~~~~~~~~~~~~~~~~~~~~~~~~~~~~~~~~~~~~
~~~~~~~~~~~~~~~~~~~~~~
 Straight Forward ~~~~~~~~~~~~~~~~~~~~~~~~~
~~~~~~~~~~~~~~~~~~~~~

[업무적 측면에서의 강점관계]
I got a great accomplishment of ~~~~~~~~~~~~~~~~~~~
~~~~~~~~~~~~~~~
 프로그래밍 스킬을 근간으로 분석, 기획, 실행 등 Multi-Player
~~~~~~~~~~~~~~~~~~~

[성격과 대인관계]
I have a good relationship ~~~~~~~~~~~~~~~~~~~~~~
~~~~~~~~~~~~~~~~~
 관계지향적이며, 외유내강형인 저는 ~~~~~~~~~~~~~~~
~~~~~~~~~~~~~~~~~~

[지원포부]
만약, 귀사에 입사한다면, 향후 ~~~~~~~~~~~~~~~~~~~
~~~~~~~~~~~~~~~~~~~

[성장과정]
~~~~~~
~~~~~~

[성격/대인관계]
~~~~~~
~~~~~~

[업무스타일 및 강/약점]
~~~~~~
~~~~~~

[지원 동기]
~~~~~~
~~~~~~

[향후 목표]
~~~~~~
~~~~~~

연봉 사항 / 입사 가능시기

- 최종연봉 : 0,000만원(인센티브 0,000 만원 별도)
- 희망연봉 : 0,000만원(인센티브 별도) 혹은 회사 내규에 따라 면접 시 협의
- 입사시기 : 최종합격 후 4주 이내 (협의 가능)
- 기타 희망 처우 :

개인정보 수집 및 이용 동의서

에이치알컨설팅㈜ 귀중

개인정보보호법 제15조 및 제22조에 따라 본인은 귀사에 Headhunting Service 이용과 관련하여, 귀사가 본인에 대한 개인정보를 수집, 이용하는 것에 대하여 동의합니다.

- 개인정보의 수집ㆍ이용 목적 : Headhunting
- 수집하려는 개인정보 항목 : 성명, 생년월일, 학력, 경력정보, 가족정보, 연락처 (전화번호, 주소) 등 채용관련 필요 정보
- 개인정보의 보유 및 이용기간 : Headhunting Service 종료의사 표시일까지
- 제3자 제공여부: 지원하고자 하는 기업체에 제공 가능

※ 이력서 제출자는 동의서의 제출을 거부할 권리가 있으며, 동의서 제출 거부 시 Headhunting Service가 중단될 수 있습니다.

개인 정보 이용 동의서

(개인의 신상정보를 추천 업체에 공개하는 것에 대한 동의)

동의 (O)	동의하지 않음 ( )

상기에 기술한 내용은 사실과 다름없음을 확인 합니다.

2020 년 01 월 01 일

성 명 :　　　　　　　　(직인생략)

⟨Confidential⟩

※ 개인정보 보호법에 의거 후보자의 개인정보는 동의 없이 유출되지 않으며 후보자에게는 일체의 비용이나 수수료를 청구하지 않습니다.

[이력서]

- 학력사항 : 예) 대학원 대학 고등학교 등 최상위 학력부터 기술 (학점 기재)
- 핵심역량 : JD(Job Description)에 기술된 담당업무, 자격사항 등을 고려하여 Key Word 중심으로 핵심사항을 기술
  (3~5개 항목 내외: 상세경력사항과 중복해도 무관)
- 주요성과 : JD를 고려하여 본인이 주도/기여한 성과/실적을 기술, 가능하면 수치를 포함하여 작성
  (3~5개 항목 내외: 상세경력사항과 중복해도 무관)

[경력기술서/상세경력사항]

- 총경력 00년 00개월 기입 확인, 인턴 경력은 내용은 기술을 하여도 총 경력기간에서는 제외

- 가장 최근 경력부터 작성

- 재직 기간 확인

- 제출 전 경력요약사항과 상세경력사항의 재직 회사, 기간, 부서, 직위/직급 등 비교·확인

- 근무한 회사 각각에 대한 간략한 소개 기술 확인

- 본인의 담당업무 기술

- 자신의 경력을 주요 업무별, 부서/프로젝트별 또는 업무 기간별로 나누어 가급적 상세히 작성

- 서술식보다는 내용을 간단 명료한 형태로 기술(단, 경력에 비해 내용이 너무 적으면 결과가 좋지 않을 수 있어 가능한 어느 정도 양이 되도록 기술)

- 채용정보의 직무(JD)에 최적화 작성: JD에 나온 Key word를 중심으로 핵심사항 기술

- 채용 관련 분야 담당업무, 주요 실적/성과는 강조하셔서 반드시 기술

- 주요 성과 및 실적은 가능하면 수치를 포함 작성(정량적 성과, 정성적 성과, 본인 기여도(%) 등)

- 퇴직사유 : 최근 직장에서 퇴직 및 이직 희망 사유를 설득력 있게 기재

[이력서]

● 해당사항에 대하여 모두 작성, 해당 없는 항목은 제출 시 삭제

[자기소개서]

● 자신만의 Story Line을 만들어서 자유 기술

예) 성장과정(학창시절, 재직 후 성장 과정), 성격/대인관계 및 강약점, 업무 스타일 및 강약점, 지원 동기 및 지원하는 직무 적합성(직무 수행 핵심역량), 지원하는 직무와 관련하여 재직한 회사에 기여한 유관 업무/프로젝트 및 해당 업무/프로젝트에서 내가 기여한 수준, 달성한 실적/성과, 이러한 성과를 달성하는데 있어서 겪었던 어려움이나 극복 사례, 부족한 지식이나 역량, 또는 새로운 기술을 개발하기 위해 노력을 기울였던 사례, 이러한 경험을 바탕으로 채용 회사와 해당 직무에 지원하는 동기, 향후 업무 추진 목표나 계획 등 입사후 포부

● 성장과정, 성격 및 강약점, 업무 스타일 및 강약점 (중요한 사항만 간략하게 작성, 3줄 이내)

● 지원동기 및 향후목표는 필수적으로 작성

● 채용정보의 직무(JD)에 기술된 담당업무, 자격사항 등을 고려하여 Key Word 중심으로 핵심사항을 기술

[연봉사항/입사가능시기]

● 최종연봉 : 연봉산정 시 현재 연봉을 참조하여 회사 기준에 의거 협의하므로 가급적 기본연봉(기본급+고정 상여금), 성과급 및 기타 수당 등을 자세히 기술

이력서를 검토할 때에는 아래와 같은 내용을 위주로 살펴보는 것이 좋다.

- 이력서의 경력기술내용이 너무나 간단히 되어있지는 않는지?
- 후보자의 장점 등이 적절히 잘 표현되었는지?
- 후보자의 경력에 대한 전문성이 잘 나타나고 강조되었는지?
- 오타 및 거짓사항은 없는지?
- 자기소개서에 후보자의 경력사항과 장점 그리고 지원동기 등이 잘 표현되었는지?
- 자기소개서 맨 하단에 입사포부 등의 내용이 다른 기업에 지원했던 내용을 그대로 사용하지는 않았는지?

Note

※ 자기소개서 작성 TIP!

● 자기소개서는 가급적 한 장 정도로 짜임새 있게 요약하는 것이 좋다. 경력소개내용이 좀 많다면 2장 이내로 요약하는 것이 좋다. 이력서를 읽는 사람에게 부담을 줄 수 있었어 역효과가 날 수 있다.

● 자기소개서 구성은 서론–본론–결론 부분을 '기승전결'과 같은 형식으로 핵심을 잘 정리하는 것이 좋다. 일반적으로 자기소개서의 구성요소는 성장배경, 성격의 장·단점 자신의 핵심역량인 전문지식, 기술 등 업무능력, 마지막으로 지원동기, 입사 포부 등으로 구성하면 좋다.

● 각 섹션이 나누어지는 곳은 헤드라인을 활용하면 더욱 효과적이고 자신을 어필하는데 가장 유리하다. 이를 통해 핵심적인 요소를 파악하기가 용이해진다.

● 이력서 전체적인 오타 및 오기, 중복표기 등을 주의 깊게 꼼꼼하게 살펴보는 것이 좋다. 간혹 입사포부 또는 지원동기에 타 기업의 지원했던 내용이 그대로 기재되어 있는 경우가 종종 있다.

이상의 내용 등을 꼼꼼하게 살펴보아야 한다.

헤드헌터는 단순히 이력서를 기업에 전달하는 사람이 아니고 기업과 후보자들을 컨설팅할 수 있는 커리어 컨설턴트라는 것을 명심해서 HR전문가로서 자부심을 가지고 업무를 해야만 한다.

※ 경력직 채용시 서류전형 통과율을 높이는 이력서 작성 Tip!

● 경력직 채용은 신입사원처럼 지원자 중에서 비교우위자를 채용하는 것이 아니며, 채용회사는 원하는 요건에 최대한 부합하는 경력자가 아니면 면접을 진행하지 않고 채용절차를 다시 진행한다.

● 추천 헤드헌터는 모든 분야의 전문가가 아니므로, 후보자의 경력을 충분히 이해할 수 없다는 한계가 있다.

1. 채용포지션이 대기업군, 상위직급으로 올라갈수록 〈깔끔한 경력〉을 선호함.

– 경력기간에 비해 단기(2년 미만) 이직회수가 과다한 경우는 감점요인이 되며, 이직회수는 보통 0~3회 정도를 선호한다. 다만, 일부 IT 업종 등 업무특성상 부득이 이직이 많은 분야의 경우는 예외가 되기도 한다.

- 〈이직사유, 경력단절 사유〉도 평가의 대상이 되므로 그 사유가 합리적이고 명확히 해야 하며, 이직사유를 대충 적는 경우가 많은데, 각별히 유의해서 이직사유를 정확히 확인하는 것이 좋다.

2. 〈희망 연봉과 직급〉이 채용포지션과 어느 정도 근접해야 하며, 후보자가 현재 받는 연봉과 직급이 채용회사의 연봉 또는 직급에 비해 많이 높다면 채용에 다소 어려움이 있으므로, 소위 채용기업의 포지션에 비해 후보자의 스펙 또는 연봉, 직급 등이 다소 높거나 낮으면 서류전형에서 통과할 확률이 비교적 낮을 수 있다.

3. 〈핵심역량과 주요성과〉 항목은 JD와 부합하는 핵심역량과 주요업무성과가 잘 표현되도록 작성하는 것이 좋다.

4. 〈상세경력기술서〉를 특히 세심하게 작성해야 경력직 서류전형 통과 가능성이 높다. 반드시 채용JD(담당할 직무/요건)에 부합하는 경력을 집중 부각시키는 것이 좋으며, 단순 망라식 경력 나열은 전문성이 결여되어 보이고, 경력직 채용과는 거리가 멀게 느낄 수 있다. 따라서 JD와 무관한 경력은 과감히 생략하는 것이 유리하다.

- 재직회사별로 각각 1〜2 Page 이상 상세히 기술할수록 유리

- 상/하위 항목 구분은 잘 구분되어 한눈에 들어오도록 작성
  (인사담당자는 많은 이력서를 동시에 검토해야 하는 점을 감안)

- JD와 부합하는 업무경력을 찐하게 표시하거나, 색상/밑줄 등으로 강조해도 좋다.

5. 〈자기소개서〉 작성 시 유의사항

- "저"라는 용어 사용은 자제

- 과거 타회사에 지원했던 문구가 남아있는지 재확인하여 삭제

- 부정적 표현을 피하고 긍정적 표현으로 대체

- 오탈자, 띄어쓰기 오류는 불성실한 인상을 주므로, 반드시 재확인

- 적절한 문단나누기로 읽기 편하도록 편집

- 추상적인 표현보다는 구체적인 표현을 사용

※ 이력서 검토시 고려사항

헤드헌터가 후보자의 이력서를 검토할 때에는 위에서 언급한 내용을 상기해 가면서 다음의 내용을 꼼꼼히 검토하는 것이야 말로 석세스를 달성하는데 매우 중요한 작업이다. 특히, 후보자의 나이 및 성별, 학력 및 전공, 현재 연봉 및 희망 연봉, 재직 기업 및 경력의 전문성, 경력 중심의 자기소개서 등을 면밀히 살펴보는 것이 중요하다.

〈그림 9〉 이력서 검토시 고려사항

2.5. 고객사에 후보자 추천하기

(1) 고객사에게 후보자 추천

헤드헌터가 후보자를 고객사에 추천할 때까지는 일반적으로 컨택 (Contact)한 사전 인터뷰를 통해 최종적으로 선별된 적합한 후보자를 한 포지션당 최소 3~5배수 정도로 선별하여 고객사에 추천하도록 한다. 후보자 추천시에는 아래와 같은 특징을 가진 후보자는 가급적 배제하는 것이 좋다.

- **매너 없는 후보자** : 안에서 새는 바가지는 밖에서도 새는 법이다.
- **이력서 대충 작성하면서 헤드헌터에게 알아서 잘 적어달라는 후보자** : 자신의 노력 없이 거저 얻으려고 하는 심보는 조직 내에서도 그런 법이다.
- **대화나 태도, 인성에 문제가 있는 후보자** : 겉과 속이 다른 법이다.
- **이직횟수가 많은 후보자** : 전체 경력에 비해 이직횟수가 많은 후보자들은 아무리 스펙이 좋아도 기업에서 선호하지 않는 경향이 있다. 또 금세 어디론가 이직해 버릴 수 있다는 불신이 깔려 있기 때문이다.

(2) 합격을 위한 후보자 인터뷰 안내하기

고객사에 추천한 후보자가 서류검토를 통해 서류 합격이 되면 고객사와 후보자 상호 협의하여 후보자 인터뷰 일정을 잡게 된다. 이때 후보자에게 인터뷰와 관련된 정보를 자세히 주는 것이 합격의 지름길이다. 인터뷰 관련정보는 고객사 인사담당자로부터 가급적 자세히 확인하여 후보자에게 전달하는 것이 중요하다. 인터뷰안내문의 내용은 일반적으로 면접일시, 장소, 인사담당자 연락처, 복장안내, 면접시간, 참석면접관, 면접스타일, 예상 질문, 인터뷰 시 준비사항, 인터뷰 시 주의사항 등의 내용을 안내한다.

아래의 면접안내문 실제사례 예시를 참고해보면 도움이 많이 될 것이다.

면접 안내문 예시

김OO 님, 안녕하세요 HR컨설팅의 강정대 컨설턴트입니다.

OO기업의 STB HW 부분 1차 면접 안내 메일을 아래와 같이 드리니 사전에 만반의 준비를 하시어 반드시 좋은 성과를 내시기 바랍니다.

1. 일 시 : 2019년 9월 22일(화요일) 오후 1시입니다.
   도착하시어 안내데스크에서 면접 방문이라고 말씀하시면 안내해드립니다.
   시간을 지체하면 면접에서 좋은 성과를 내기 어려우니, 충분히 시간을 고려해서 20분 전에는 도착하시기 바랍니다.

2. 장소 및 담당 : OOO빌딩 2층 안내데스크(경기도 OO시 OO구 OO동 OO번지)
   네이버 지도를 참조 하시면 됩니다.

3. 복 장 : 정장은 아니어도 되고 단정한 복장 부탁드립니다.

4. 사전 준비 사항 : 인 · 적성 검사, 경력포트폴리오 작성, 기타 준비물

■ 인성검사 안내

OO기업은 입사 전 인성검사를 통해 지원자를 보다 잘 이해하고 입사 후 팀 매니징 등에 활용하고 있습니다. 온라인으로 진행하며, 아래 연락처로 연락하셔서 지원자 성함과 응시 가능한 시간을 알려주시면 응시방법을 안내 받으실 수 있습니다.

응시는 9/18(금) 오전까지 실시해주시기 바랍니다.

연락처 : OO컨설팅 OOO컨설턴트 070-OOO-OOOO
         (담당자와 통화하셔서 검사 응시 일정 확정하시기 바랍니다.)

인성검사 완료 여부 : 검사가 완료되는 대로 메일 부탁드립니다.

준비물 : 직전3개월 급여명세서 및 2018년도 원천징수영수증,
         경력 소개 포트폴리오 지참 부탁드립니다.

5. 면접 절차와 간단한 Tip

1) 실무 면접이라고 보시면 됩니다. 부서장(STB HW 팀장), 선임 부장급 2명 정도입니다. – 시간은 약 40분 정도입니다.

2) 포트폴리오는 3–4장 정도 그 동안 했던 일을 중심으로 표현하시면 됩니다. (가능한 파워포인트로 작성하시면 좋겠습니다). 첨부한 파일 참조하시고 영문으로 할 필요는 없습니다.

3) OOO 홈페이지, 제가 보내드린 JD를 잘 보시고 기억하세요. 회사에 대한 열정은 어느 면접관이나 다 좋아하는 덕목입니다.(특히 OO기업은 회사에 대한 프라이드가 강합니다.)

4) 이직사유와 지원동기를 특히 정리를 잘 하십시오. 어느 기업이든지 반드시 던지는 질문입니다. 특히 동종업계인 만큼 더 물어볼 겁니다. 자신감 있게 (정중하면서…) 면접에 임하시면 좋은 결과가 기대됩니다. 현재 회사가 규모가 작다고 기죽을 필요는 없습니다.

5) 실제 한 프로젝트에 대해 기술적인 질문을 많이 할 겁니다. 안 한건 안 했다고 하고, 한 것에 대해서는 답을 제대로 못하면 안됩니다. 순수 STB경력은 5년차이니 너무 많이 해 봤다고 하면 안 됩니다. 그리고 무조건 다 잘할 수 있다고 말하면 안 됩니다. 어차피 혼자 다 하는 게 아니니 경험 한 것과 할 수 있는 것 등을 정확히 말씀 하세요. 너무 의욕적으로 답하다 보면 모르는 질문을 받게 되면 당황할 수 있습니다.

6) 전체 경력이 10년 정도이기 때문에 개발뿐만 아니라 윗사람 아래 사람 사이의 중간 역할도 기대할 겁니다. 특히 OOO는 인성을 중시하는 기업입니다. 팀웍, 의사소통 이러한 것도 중요한 덕목이고 이에 대한 질문이나 관찰도 할 겁니다.

7) 해외 출장도 많고 해외 생산업체도 있어서 영어에 대한 질문을 반드시 할 겁니다. 능숙하게 하지 않지만 업무를 할 정도는 된다고 하세요. 구체적으로 예를 들어 "독해는 잘 하나 작문이나 대화는 좀 더 공부해야 한다던가 하는 식으로요.", "해외 출장 경험 시 어떻게 대처 했는지"를 얘기해도 될 것 같습니다.

8) 절대 긴장하시지 말고 업무 협의를 한다고 생각하시고 자신의 경험과 지식에 대해서 얘기 해 보세요.

9) 면접 잘 보시고, 보시고 난 뒤 전화 부탁드립니다.

※ 참고로 시간되시면 첨부한 면접유의 사항을 한번 읽어 보시기 바랍니다. 궁금한 사항이 있으면 언제든 전화주세요. 감사합니다.

※ 합격을 위한 후보자 인터뷰 Tip

후보자 인터뷰 시 면접관이 알고 싶어 하는 것

    – 경력에 맞는 해당업무가 바로 가능한가?

    – 열정과 당당한 자신감을 갖고 있는가?

    – 올바른 가치관 소유자인가?

자기소개 & 지원동기 답변요령

나의 역량을 짧은 시간 동안에 어떻게 효과적으로 전달하느냐가 중요하다. "나는 어떠한 일을 했고, 전 직장에서의 경험을 바탕으로 귀사에서 어떻게 기여할 수 있다."라는 형태의 발전적인 답변을 자신 있게 말한다면 절반은 성공

이직사유 답변요령

이직사유는 그 사람의 직장선택에 대한 가치관을 반영한다. 말하기 어려워 우물쭈물 하거나 말을 돌리지 말고 솔직히 말하는 것이 좋다. "현 직장도 여러 면에서 만족하고 있으나, 먼 미래를 예측해 볼 때 저의 가치를 더 높일 수 있는 기업이 귀사…"라는 형태의 발전적인 답변을 하도록 한다. 전 직장에 대해 안 좋은 답변을 하거나 건강문제 등을 드는 것은 피한다.

기타질문 답변요령

모든 답변은 기업에서 중요시 할 수 있는 부분을 강조하며 말한다. 즉, 그 동안 자신 있게 해오던 업무와 채용 회사에서 바라는 정보를 매칭시켜서 답변한다.

답변 주의사항

    – 잠시 거쳐가는 사람으로 보이지 않도록 할 것

    – 면접 도중 궁금한 사항은 반드시 질문할 것

    – 정직한 사람으로 보이도록 노력할 것

경력직 면접 요령

경력사원 채용 목적

회사에서 경력직을 채용하려는 이유는 크게 두 가지로 구분된다. 하나는 해당업무를 담당하는 직원이 어떠한 이유로든 곧 퇴사하기 때문에 발생되는 결원충원이고, 다른 하나는 사업확장이나 신규 프로젝트에 따른 인력을 확대 충원하는 경우이다. 기업에서 경력사원을 채용할 때, 사원급은 먼 미래의 성장 잠재력을 보고 채용하지만, 대리급 이상은 당장 해야 할 임무를 성공적으로 완수할 수 역량을 갖추고 있는가를 더 중요하게 본다.

면접에 임할 때

직장인이 면접을 제의 받았을 때에는 해당 업무를 수행할 수 있는 적임자로 인정을 받았다는 것이고 면접에서 이를 확인하기 위한 과정이다. 직장인들이 면접에서 실수하는 것 중에 하나가 자신의 경험과 나이를 믿고 아무런 준비 없이 면접에 참석하는 분들이 많은데, 이러한 경우에는 가치관이나 기본 소양을 의심받을 수밖에 없다. 인재들 간 경쟁이 치열해지고 채용심사가 까다로워지면서 경력직도 신입처럼 철저한 준비를 할 것을 요구받고 있다.

당당한 자신감

신입이든 경력이든 면접에서 중점을 두는 것은 면접자의 자신감이다. 임원이 참석하는 면접에서는 경력 검증보다는 자신감을 동반한 올바른 가치관이며, 이러한 인성은 결국 신뢰감으로 평가받는다. "하나하나 행동부터 말하는 것까지 넘치는 자신감은 그 자체로서 면접관에게 믿음직스러운 신뢰감을 주기에 충분하기 때문이다."

※ 면접에서 좋은 점수를 얻는 방법

신입이든 경력이든 면접에서는 준비된 멘트와 당당한 자신감이 합격을 좌우한다. 기업 면접에서는 아무리 좋은 학벌과 커리어를 가진 경력자라도 그보다 훨씬 낮은 스펙의 경쟁자에게 밀려 떨어지는 경우가 빈번하다. 비록 기업에서 찾는 스펙일지라도 자만심에 빠졌거나 어리버리한 면접자보다는 목표가 뚜렷하고 확실하게 준비하고 나온 B급 스펙의 경쟁자가 회사와 조직에 더 충실히 기여할 수 있다고 보기 때문이다.

※ 면접스킬

– 면접은 자신감 "氣"에서 승부가 난다.

– 당당하고 패기 넘치는 자신감을 보여준다.

– 시원시원하고 더 강렬한 인상을 심어주도록 노력한다.

– 자신의 강점을 감추지 않는다.

– 자신의 단점을 일부러 드러내지 않는다.

면접관들이 짧은 시간에 내 능력을 파악하는 것이 불가능하므로 "나라는 상품을 어떻게 광고할 것인가를 기획하는 철저한 비즈니스 컨셉이 필요하다." 사실 면접관도 이를 가장 궁금해 하는 것이다.

※ 경력직의 면접에 임하는 자세

– 때 묻지 않은 열정

– 면접관과 대등한 입장에서 대화를 리드할 수 있도록 적극적인 자세로 임한다.

– 자신을 과잉으로 포장하지 않는다.

– 그러나 너무 겸손하면 리더십이 부족해 보인다.

– 먼저 뭐라도 물어보라는 듯한 적극적인 자세를 취한다.

※ 면접 답변 준비사항

- 회사에 어필할 수 있는 핵심역량과 그동안의 성취업적을 정리 해 놓는다.
- 면접 시 예상 질문 시뮬레이션
- 자기소개
- 업계동향과 경쟁사 전망
- 입사 지원회사에 대한 정보
- 입사지원 동기 및 목표
- 퇴직사유
- 연봉 가이드라인

※ 나쁜 면접습관

"나의 진실된 모습을 있는 그대로 보여준다."라는 솔직한 자세는 인사담당자들로 하여금 사회성이 부족한 사람으로 오인 받게 되는 결과를 주므로 조심해야 한다. 바빠서 제대로 준비 못했다는 등 어설픈 답변은 상대에게 신뢰할 수 없는 사람이라는 거부감을 주게 준다. 이런 경우에는 임기응변식의 대응보다는 자신의 잘못을 솔직히 시인하는 편이 더 낫다.

(3) 고객사로 후보자 평판 조회결과 전달

일반적으로 후보자 평판조회는 기업마다 다소 상이하다. 예를 들어, A라는 기업은 후보자가 1차 또는 2차 인터뷰 전에 평판조회를 요청하는 기업이 있는 반면에, B라는 기업은 최종 인터뷰 전 또는 후에 요청하는 경우도 있으므로 어떤 것이 우선이라고 잘라 말하기는 어렵다. 다시 말하면 고객사에 기준과 상황에 따라 평판조회 시기는 얼마든지 달라질 수 있다.

평판조회서 내용은 보통 기업에 따라 중요시 보는 포인트가 다르기는 하지만, 기본적으로는 후보자의 인성, 성격의 장·단점, 업무성과, 핵심 역량, 업무스타일, 커뮤니케이션 능력, 사고능력, 리더십, 이직 동기 등 최근 들어서는 기업들이 윤리적 도덕성을 중요시 하는 경향이 있다.

후보자 평판조회 시, 사전에 평판조회에 관한 후보자의 동의 여부를 확인해야 할 의무가 있다.

아래의 실제 평판조회 예시를 참고해보면 도움이 될 것이다. 아래의 실제 평판조회 예시를 참고해보면 도움이 될 것이다.

REFERENCE CHECK

후보자 이름: 김OO   **포지션:** 일본어 통·번역   **담당 컨설턴트:** OOO

> *** 평가요소**
> – 일본어 통·번역사로서의 업무적 성향/제 3자가 보는 실력 평가 및 성실성 여부
> – 인성 및 대인관계 : 팀원 및 클라이언트와의 관계형성 능력 검증

[총평]

– 업무처리 능력 및 업무 이해도, 적응력 우수

– 업무에 대한 열정이 많은 편이며 성취욕이 강함

– 긍정적 성격, 주도적 업무 성향 / 세심하고 꼼꼼함

– 일본인 임원 국내 기술진들과의 커뮤니케이션을 통해 비즈니스 매너 최고급

세부 확인 사항

1. 후보자와 같이 근무한 기간 및 부서
– 컴포넌트 제조팀 일본인CE 담당 통역사 근무기간 1년

2. 후보자와 업무상의 관계
– 일본 서치펌을 통한 일본인 고용 및 통번역사 관리 등 업무를 총괄하면서 정보유출 우려에 대한 관리를 위해 일본 엔지니어들의 보안유지에 있어 김OO 후보자의 역할이 중요했음

3. 후보자의 업무 내용 및 성과

- 일본인과 실무자 동시통역, 긴급회의 동시통역이 주요 업무이며 일본인들과 실무자 간의 커뮤니케이션을 원활하게 진행, 사내 팀원들과도 커뮤니케이션 시 중요한 역할을 하였음

- 주어진 업무에만 국한되어 피동적인 역할을 하는 것을 탈피하여 단순한 언어전달 뿐만 아니라 실무적인 지식을 완전히 이해하여 복잡한 공정을 원활하게 함

4. 후보자의 비전 제시/전략적 사고 능력

- 일본 고유 기술자 및 고문의 테크닉 전수를 위한 교육 업무프로세스에 대한 이해를 충분히 가지고 항상 임하며 전문기술요소에 대한 지식 습득이 빠름

- 타 산업분야에 대해서도 단시간에 업무를 이해하고 적응할 수 있을 것이라 생각함

5. 후보자의 리더십/조직관리/업무성향

- 일본인과 실무진이 트러블 없이 커뮤니케이션 할 수 있도록 책임감을 가지고 세심하고 꼼꼼하게 업무에 임하였음. 스케줄 관리에 뛰어남

6. 근태관리

- 지각 및 결근사례 없음
- 맡은 업무에 대해서는 끈기를 가지고 임함
- 타 부서와 협업 필요 시 적극성을 나타냄

신 상 정 보 (평가하신 분의 신상에 관한 정보입니다.)

이름: 홍 00   **회사명:** 00기업   **부 서:** 인사팀   **직 급:** 부장

상기 레퍼런스 내용은 사실과 틀림없음을 증명함.

작성일자 2019년 1월 17일

HR컨설팅(주)

(4) 고객사와 후보자 간 처우 협의

채용기업으로부터 후보자가 최종합격통보를 받게 되면 이때부터 고객사와 후보자간 처우조건에 대한 협상이 이루어진다. 이때 헤드헌터는 한쪽으로 너무 편향되지 않게 고객사와 후보자 중간사이에서 처우협상이 원만이 이루어질 수 있도록 가교역할을 충실히 하는 것이 헤드헌터의 중요한 역할이다.

(5) 입사확정을 위한 Offer Letter 주고받기

최종합격한 후보자가 최종합격통보를 받고난 이후에 입사확정 및 출근을 위해서 보통 고객사로부터 Offer Letter(입사확정계약)를 받게 되는데 후보자는 Offer Letter 내용을 보고 입사를 하겠다는 의사표현으로 본인의 서명을 한 후 다시 헤드헌터를 통해 고객사에 전달하게 된다. 일반적으로 Offer Letter 내용에는 연봉, 복리후생조건, 입사일, 직급, 근무부서, 경력인정 년수 등 계약관련 조건들이 자세히 기재되어 있다. 그 과정 이후에는 입사 시 필요한 구비서류 준비 목록 등을 e-mail로 송부하여 입사일자에 맞게 모든 서류를 준비하도록 한다.

Note

Job Offer

김OO 귀하

귀하의 입사에 대한 제반 처우 내역(Terms & Conditions)을 알려드리오니 자필 서명하시어 당사로 송부하여 주시기 바랍니다.

항 목	내 용	비 고
입사예정일	2020년 01월 01일 ~	• 입사 가능일 협의
소속부서	상품기획팀	• 당사 형편에 의거 소속부서는 변경될 수 있음
직 급	대리 4년차	• 경력사원
직 무	상품사업팀/상품기획	• 직무는 소속팀에 의하여 변경될 수 있음
급 여 (Salary)	기본연봉 45,000,000원/년	• 당사 공통규정에 따라 3개월의 수습기간 적용 – 3개월 시점 평가에 따른 면수습여부 결정 – 단, 동기간 동안의 급여는 100% 지급됨 ※ 기본연봉 외 식대 별도 지급
경영성과급	• STI(Short Term Incentive: 1년): 회사 규정에 따름	
퇴직금	• 당사 퇴직금 지급규정에 따라 별도지급	
단서 조항	※ 소득에 따른 세금은 전액 본인이 부담합니다. ※ 상기 오퍼 내용에 대해서는 상호간에 비밀을 유지합니다. ※ 계약직원 대상 당사 인사제도의 변경이 있을 경우 함께 적용 받습니다. ※ 회사가 요청 시, 입사 전 소정의 신체검사에 응하여 합격하여야 합니다. ※ 상기 기재된 내용은, 발송일로부터 2일의 유효기간을 둡니다.	

– 상기와 같은 처우를 보장할 것을 확인합니다.
– 상기와 같은 처우내용에 합의하여 귀사에 입사하겠습니다.

2020. 01. 01.   2020. 01. 01.

대표이사   박 O O (서명)   입사 희망자   김 O O   (서명)

2.6. 고객사와 서치펌 간 업무계약 체결하기

고객사와 서치펌 간 업무계약서를 체결하는 시기는 고객사와 헤드헌터 간 상호협의하여 포지션 진행 전·후에 업무계약서를 체결하는 것이 일반적이다. 업무진행 전에 계약할 경우는 고객사의 회사정책에 의해서 업무계약서가 체결된 경우에 채용포지션을 기(旣)업무계약된 서치펌에게만 채용포지션을 오픈을 한다.

반면에 사후에 업무계약서를 작성할 경우에는 선 포지션을 진행한 후 채용 포지션에 후보자 추천을 한 후 최종합격하고 출근할 경우에만 업무계약서를 체결하는 것을 말한다. 사후에 업무계약서를 체결하더라도 기본수수료조건과 A/S조건 등은 사전에 메일과 구두로 상호 협의하도록 한다. HR컨설팅의 경우는 사전에 업무계약서를 체결하는 것을 원칙으로 한다.

Note

업무계약서는 아래와 같은 형식 및 내용으로 구성되어 있다.

(1) HR컨설팅(주) 업무계약서 표준양식

인재추천 컨설팅 계약서

갑 : 00주식회사

서울시 종로구 00동 000-0 동덕빌딩 00층
대표이사   0 0 0

을 : 에이치알컨설팅주식회사

서울시 강남구 역삼동 테헤란로 139
신중앙빌딩 5층
대표이사   전 용 화

00주식회사와 에이치알컨설팅주식회사는 우수한 인재채용에 관한 헤드헌팅 업무를 진행함에 있어서 아래와 같이 상호 합의하여 본 계약을 체결한다.

제 1조 (계약 당사자)

본 계약은 00주식회사를 "갑"으로 하고, 에이치알컨설팅주식회사를 "을"로 하여 계약을 체결한다.

제 2조 (계약의 목적)

본 계약은 "갑"이 채용하고자 하는 직원에 대해 "을"이 적임자를 추천하는 채용 컨설팅 서비스에 대한 것이며, "갑"은 "을"에 의해 제공된 컨설팅 서비스에 대해 합의된 대가를 지급하는데 동의한다.

제 3조 (계약 기간)

본 계약은 "갑"과 "을"이 본 계약서에 서명 날인한 2011년 1월 25일부터 1년간 유효하다. 다만, 계약 만료 7일 전까지 "갑"이 "을"에게 계약해지에 대한 별도의 통보가 없을 경우에는 계약기간을 1년 단위로 자동 연장한다.

제 4조 (신의성실의 의무)

1. "갑"은 본 계약 수행에 필요한 제반 정보를 "을"에게 제공하여야 하며, 인원을 선발, 채용함에 있어서 신의를 지켜야 한다.

2. "을"은 후보자를 추천함에 있어서 최적의 후보자를 추천하도록 노력하여야 하며, "갑"이 요청한 사항에 대해서 성실하게 임해야 한다.

제 5조 (추천절차)

1. "갑"은 "을"로부터 추천 받고자 하는 후보자에 대한 조건을 구체적으로 작성하여 추천을 의뢰하며, "을"은 "갑"이 의뢰한 조건에 적합한 후보자를 Search하여 "갑"에게 후보자의 추천서류(이력서, 상세경력기술서, 자기소개서 등)를 제출한다.

2. "갑"은 후보자에 대한 자료를 검토하여 추천일로부터 5일 이내에 면접여부를 "을"에게 통보하고, 면접을 진행한 후 후보자의 채용여부를 면접일로부터 5일 이내에 "을"에게 통보하여야 한다.

3. 채용이 확정된 후보자에 대해서는 채용확약서를 작성하여 "을"에게 채용 사실을 통보하여야 한다.

4. 채용이 부결될 경우 "을"은 "갑"에게 상기 4조 2항의 절차에 따라 재추천한다.

제 6조 (수수료)

1. 수수료율

"갑"이 "을"에게 지급하는 수수료는 채용된 후보자가 "갑"으로부터 받게 되는 연봉에 대해 다음의 기준에 따라 지급한다. (단, 연봉이라 함은 채용된 후보자가 "갑"으로부터 받게 되는 세전소득으로서 고정급여와 확정된 상여금을 포함한 금액을 말한다.)

- 연봉 3,000만원 미만 : 연봉 총액의 15%
- 연봉 3,000만원 이상 ~ 6,000만원 미만 : 연봉 총액의 20%
- 연봉 6,000만원 이상 ~ 1억 미만 : 연봉 총액의 25%
- 연봉 1억원 이상 : 연봉 총액의 30%

2. 수수료 지급일

"갑"은 "을"이 추천한 후보자가 처음 출근하는 날로부터 15일 이내에 제 1호의 수수료를 현금(VAT 포함)으로 지급한다.

제 7조 (대체추천 및 환불)

1. "을"이 "갑"에게 추천한 사람이 출근일로부터 3개월 이전에 자의에 의하여 퇴사하게 되는 경우에는 "갑"은 "을"에게 사유발생일로부터 1주일 안에 통보해야 하며 "을"은 퇴직자와 동일한 조건의 대체 인원을 추천하여야 한다.

2. 제 1호의 규정에 불구하고 "갑"이 사업포기, 부도 등의 사유로 출근일로부터 3개월 이전에 해고하거나 "갑"의 사정으로 동일분야의 재 채용이 필요하지 않다고 의사표시한 경우에는 추천을 하지 않는 것으로 한다.

3. "을"은 대체추천 시 발생되는 비용을 "갑"에게 추가로 요구하지 않는다. 다만, 대체추천으로 확정된 후보자와 기존에 채용된 후보자와 연봉의 차이가 있을 경우에는 그 차액에 대해

서 "갑"과 "을"이 상호 정산한다.

4. "을"이 제 1호의 대체추천을 하지 못할 경우에는 다음의 산식에 의해 수수료를 환불한다.

환불액 = 수수료 * (90일 − 근무일수)/90일

제 8조 (비밀유지)

1. "을"은 본 계약과 관련하여 취득한 "갑"에 관한 정보 및 자료 등을 인재추천 이외의 목적으로 제 3자에게 누설하여서는 아니 된다.

2. "갑"은 "을"이 추천한 인원의 개인정보에 관하여 채용 목적 이외로 사용하여서는 아니 된다.

제 9조 (기타)

1. "을"이 추천한 후보자의 채용이 확정된 후 출근이 이루어지면 "을"의 임무를 완수한 것으로 한다.

2. "갑"은 "을"로부터 추천 받은 사람을 "을"의 동의 없이 1년간 임의대로 채용하지 아니한다. 만약, "을"의 동의 없이 채용하는 경우에는 제 6조에 의한 수수료를 지급하여야 한다.

3. 본 계약서에 명시되지 않은 사항은 일반 관례에 따른다.

이상과 같은 사실을 증명하기 위하여 업무계약서는 2부를 작성하여 "갑"과 "을"이 상호 기명 날인하고 각 1부씩 보관한다.

2020년 00월 00일

갑 : 00주식회사

　　대표이사　　0 0 0

을 : 에이치알컨설팅주식회사

　　대표이사　 전 용 화

(2) 수수료 체계

일반적으로 국내 서치펌의 헤드헌팅 수수료는 연봉을 기준으로 15%~30% 수준이다. 연봉수준과 채용직급에 따라 수수료%는 달리 적용되고 있다.

기업입장에서는 우수한 직원을 채용하기 위해서는 서치펌 수수료%를 일반적인 기준에 맞게 적용을 하는 것이 보다 우수한 인재를 채용하는데 도움이 된다. 왜냐하면 헤드헌터입장에서는 같은 조건이라면 수수료 %가 높은 기업의 포지션을 우선 집중해서 찾을 수 있기 때문이다.

HR컨설팅(주) 인재추천서비스 수수료 요율 기준

국내 헤드헌팅 컨설팅 수수료 체계는 일반적으로 크게 2가지 방식의 수수료지급조건을 적용하고 있다. 하나는 리테이너 방식(Retainer Based Search Firm)이고, 다른 하나는 컨틴전시 방식(Contingency Search Firm)이 있다. 수수료 체계에 대한 자세한 내용은 아래 내용을 참고하면 이해하는데 도움이 될 것이다.

〈표 11〉 인재추천서비스 수수료 요율 및 기준

연봉 기준(최초 계약연봉 기준)	수수료 요율
• 연봉 3000만원 이하	연봉 총액의 15%
• 연봉 3,000만원 이상 ~ 6,000만원 미만	연봉 총액의 20%
• 연봉 6,000만원 이상 ~ 1억 미만	연봉 총액의 25%
• 연봉 1억원 이상	연봉 총액의 30%

첫째, 리테이너 방식(Retainer Based Search Firm)

리테이너방식(선급금)은 일반적으로 성사여부에 상관없이 고객사에서 원하는 인재를 찾아주는 컨설팅의 대가로 수수료를 수임하는 방식으로서 일반적으로 고객사와 서치펌 간 1:1 단독계약으로 독점적인 채용의뢰 방식이다.

리테이너방식은 추천업무를 수임 받을 때 성공보수의 총액 중에서 일정금액을 계약금 형태로 받으며, 채용 성공 시 성공보수 총액의 수수료에서 일정금액의 선급금을 제외한 나머지 금액의 수수료를 받는다. 다만, 채용에 실패하더라도 성공보수의 일부 선급금은 반환하지 않아도 된다. 고객사가 리테이너방식을 택할 경우에는 여러 개의 서치펌을 컨택한 후 입찰방식으로 통하여 최종적으로 한 곳의 서치펌을 선정하여 포지션 채용의뢰를 하는 방식을 말한다.

둘째, 컨틴전시 방식(Contingency Search Firm)

컨틴전시 방식(성공 보수금)은 이와 반대로 고객사에서 채용하고자 하는 인재를 다수의 서치펌에 의뢰를 한 후 채용이 성사될 경우에만 헤드헌팅에 대한 컨설팅 수수료를 수임하는 방식으로 일반적으로 한 기업에서 적게는 2~3곳의 서치펌에 채용의뢰를 하게 되며, 많게는 5개 이상의 서치펌을 선정하여 채용의뢰를 하는 국내에서 주로 사용하는 헤드헌팅에 대한 컨설팅 수수료 지급 방식을 말한다.

컨틴전시방식은 서치펌과 헤드헌터간의 경쟁을 심화시키는 수임료 방식으로 누가 먼저 좋은 인재를 추천하느냐 즉, Speed & Quality가 핵심요소이다.

다음의 내용을 참고하기 바란다.

〈표 12〉 리테이너방식과 컨틴전시 방식의 장 · 단점(서치펌 관점 vs. 기업 관점)

구분	리테이너 방식 (Retainer Based Search Firm)	컨틴전시 방식 (Contingency Search Firm)
장점	● 성사여부 관계없이 착수금 지급 ● 채용과정에서 회사내부의 비밀유지가 용이함 ● 상대적으로 신뢰도가 높은 검증된 우수한 인재 채용가능성 높음 ● 헤드헌터입장에서 단독으로 채용기회를 얻으므로 업무에 대한 강한 책임감과 동기부여가 높아져서 업무에 선택과 집중을 높일 수 있음	● 다수의 경쟁 입찰 방식으로 서치펌에 동일 포지션을 의뢰하기 때문에 서치펌 간 경쟁이 치열하여 성사 조건부(성공보수) 수수료 지급방식 ● 기업입장에서 수수료 조정이 가능 ● 많은 후보자들을 인터뷰 하여 적합한 후보자를 선별하기 때문에 채용 프로세스 단계에서 후보자 검증이 이루어지기 때문에 신뢰수준이 높음
단점	● 타 서치펌과 경쟁관계가 아니기 때문에 수수료율은 높아짐 ● 채용기간이 컨틴전시 방식보다 다소 늦어질 수 있음 ● 최종적으로 인재를 채용하지 시키지 못했을 경우에도 일정비율의 수수료발생(기업입장)	● 다수의 서치펌 경쟁입찰 방식으로 성공 확률이 다소 낮고, 수수료 요율도 낮아질 가능성 있음 ● 채용과정에서 비밀성이 떨어짐 ● 헤드헌터의 업무집중도 및 책임감 그리고 동기부여가 다소 떨어짐 ● 기업입장에서 찾고자 하는 인재보다 다소 부족한 스펙의 후보자를 추천할 가능성이 있음
대상	● 기업의 최고 경영자급(CEO) ● 기업의 임원급 (CFO/COO/CMO/CTO등…)	● 기업의 실무자(사원–과장) ● 기업의 중간관리자(과장–차장) ● 기업의 관리자(팀장/부장급/등)

(3) 업무계약서 체결 시 유의사항

고객사와 업무계약서 체결 시 유의해야할 사항으로는 다음과 같은 내용을 유의해서 업무계약서를 체결하는 것이 좋다.

– 고객사의 사업자등록상 법인대표와 직인이 동일한가?

– 수수료 %가 적절한가?

– A/S 기간이 기본 3개월보다 너무 길지는 않는지?

– 수수료지급일 또는 수수료 지급 조건 등이 불합리하지는 않는지?

– A/S 기간 내 후보자 퇴사와 관련한 규정이나 정의가 애매하지는 않는지?

– 대체추천 또는 환불조건이 불합리 하지는 않는지?

– 계약서 8조 1항의 조건에 대한 상호신뢰내용과 지급조건 등이 잘 반영되어 있는지?

> *"갑"은 "을"로부터 추천 받은 사람을 "을"의 동의 없이 1년간 임의대로 채용하지 아니한다. 만약, "을"의 동의 없이 채용하는 경우에는 제 6조에 의한 수수료를 지급하여야 한다.*

2.7. 후보자 사후 관리

사후관리는 최종합격한 후보자가 새로 입사한 기업에 잘 적응하고 근무하고 있는지에 대해서 입사 후에 연락해서 확인하는 절차이다. 이를 위해, 별도의 연락을 통해 애로사항이나 새로운 기업의 조직문화, 분위기, 동료들과의 관계 등을 지속적으로 점검하면서 일정 수준의 도움을 주어야 하는데, 이는 후보자 관리를 위해서 중요하고도 필수적인 과정이다.

사후관리 과정이 소홀하게 될 때 후보자가 새로운 조직에 적응하지 못하면서 얼마 다니지 못하고 퇴사하는 상황이 발생할 수 있기 때문에 담당 헤드헌터는 후보자의 사후관리에 관심을 갖는 것이 헤드헌팅 업무의 마지막 단계에서 무엇보다도 중요한 업무이다. 사후관리가 소홀하게 되면 후보자의 조기퇴사로 인해 대체추천 또는 환불을 해야 하는 A/S 상황이 발생 할 수 있다.

2.8. 성공적인 이직을 위한 헤드헌터 활용 7계명

이직을 원하는 사람이라면, 언젠가는 헤드헌터를 만나거나 그와 함께 일을 진행해야 하는 상황에 직면할 가능성이 매우 높다. 그 때, 헤드헌터와의 관계 설정을 어떻게 하는 것이 도움이 될까? 이하에서는 헤드헌팅 전문가인 HR컨설팅 강정대 대표와의 인터뷰를 통해 헤드헌터를 통해 성공적인 이직을 하기 위한 7가지 비결을 제시해 본다.

제 1계명, 헤드헌터가 나를 위해 일한다는 착각에서 벗어나라.

그는 구직자보다는 고용주를 위해 일한다고 보는 편이 맞다. 대다수의 경우 수수료는 후보자가 아닌 고용주가 지불하기 때문이다. 헤드헌터가 나를 위해 무엇을 해줄 것인지보다는 내가 고용자가 필요로 하는 사람인지 여부에 더 관심을 두는 편이 성사 확률을 높일 수 있을 것이다.

제 2계명, 이직하고자 하는 분야의 전문성을 가진 헤드헌터를 만나라.

그래야 해당 업종에 대한 이해도가 높고, 해당 분야 기업이 필요로 하는 것들에 대한 정보를 얻을 수 있다. 더불어 그 헤드헌터는 해당 산업분야에 폭넓은 인맥을 가졌을 가능성이 크고 해당분야와 관련된 다수의 포지션에 대해서 생산적인 도움을 얻을 수 있을 것이다.

제 3계명, 이력서상 공백을 긍정 이미지를 주는 활동으로 채우라.

만약 실직을 했거나 재취업이 안되는 공백기간이 이력서상에 있다면 그 기간을 컨설팅, 프로젝트, 자원봉사, 직업훈련, 평생교육 등 다양한 활동으로 채워서 이력서 상의 공백이 납득이 되도록 하려는 노력이 필요하다. 오히려 그 시간이 더 큰 도약을 위한 재충전의 시간으로 납득되어 긍정적 인상을 줄 수 있다.

제 4계명, 헤드헌터가 나를 찾기 쉽게 하라.

헤드헌터의 눈에 띄어야 컨택이 되고, 그래야 이직의 가능성도 높아진다. 이를 위해, 가급적 잡 포탈(Job Portal)이나 나의 프로필이나 이력서가 상단에 위치할 수 있도록 하거나 전문분야의 헤드헌터 등에게 어필할 수 있는 나의 이력서를 보내거나, 관련 커뮤니티에서 활발한 활동 등이 중요하다.

제 5계명, 일단 헤드헌터와 함께 일을 진행하기로 했으면 최대한 협력하라.

헤드헌터도 당신도 채용이 성사되길 원한다는 측면에서 둘은 서로 공통의 목적이 있는 윈윈(Win-Win)의 관계다. 이를 달성하기 위해서는 헤드헌터에게 최대한 협력하는 것이 원하는 성과를 이루는데 도움이 될 것이다.

제 6계명, 연봉에 관해서 헤드헌터를 속이지 말아라.

헤드헌터를 통해서 어느 정도 수준의 연봉 협상이나 조정이 이루어지는만큼 현재 연봉과 기대연봉 등 연봉에 관한 이야기를 주고 받는 과정에서는 솔직한 생각을 주고 받아야 서로 간에 불필요한 시간과 비용의 낭비를 막을 수 있다. 속내를 속이거나 본래의 마음과 다른 말을 하는 것이 결코 겸손한 것도, 바람직한 것도 아님을 명심하라.

제 7계명, 채용 과정이 끝난 후에는 감사의 표현을 전하라.

이직을 위한 일련의 과정이 마무리 된 이후에는 담당 헤드헌터에게 감사의 표현을 전하라. 간단한 연락도 좋고, 전화도 좋다. 이는 헤드헌터에게 좋은 이미지를 남길 수 있다. 그 헤드헌터는 언제인가 또 다른 이직을 시도할 때 다시 만날 수도 있고, 남겨진 나의 이미지와 평판을 만드는데 기여할 수도 있다.

이상의 내용을 시각적으로 정리한 것이 다음 〈표 13〉이다.

〈표 13〉 성공적인 이직을 위한 헤드헌터 활용 7계명

1 계명	헤드헌터가 나를 위해 일한다는 착각에서 벗어나라.
2 계명	이직하고자 하는 분야의 전문성을 가진 헤드헌터를 만나라.
3 계명	이력서상 공백을 긍정 이미지를 주는 활동으로 채우라.
4 계명	헤드헌터가 나를 찾기 쉽게 하라.
5 계명	일단 헤드헌터와 함께 일을 진행하기로 했으면 최대한 협력하라.
6 계명	연봉에 관해서 헤드헌터를 속이지 말아라.
7 계명	채용 과정이 끝난 후에는 감사의 표현을 전하라.

좋은생각 ···

가장 안전한 길이 가장 위험한 길이다.

역설적인 것은 끊임없이 변화하는 세상에서

안전한 길을 택하는 것이 당신이 할 수 있는

가장 위험한 일 중 하나라는 점이다.

−리드 호프먼, 링크트인 창업자−

시대에 맞는 훌륭한 인재를 얻는 일,
예나 지금이나 변함없는 인재채용 프로젝트!

좋은 인재를 얻는 일은 동서고금을 막론하고 중요한 일로 여겨져 왔다. 역사 속의 위대한 통치자들은 자기 나름의 방법으로 인재를 발탁·등용해왔다. 그중에서 가장 대표적으로 손꼽아 볼 수 있는 동·서양의 두 사례를 통해 인재를 어떻게 확보하고 활용했는지 살펴보자.

인재채용의 귀재, 세종대왕!

세종대왕은 신분의 귀천을 가리지 않고
오직 능력 위주 인재를 등용한 것으로 잘 알려져 있다.

세종대왕은 정치, 경제, 문화 등 다양한 영역에 적합한 인재를 등용하고 적재적소에 배치해서 조선을 새롭게 부흥시켰다. 그는 나이와 신분을 가리지 않고, 인재를 등용하고, 등용된 인재들이 각각 역량에 맞는 자리에서 일할 수 있도록 뒷받침 해주었다. 그중 대표적인 것이 노비 신분의 장영실을 발탁한 사례이다.

장영실은 노비 신분이었지만, 어려서부터 관찰력과 손재주가 뛰어났다고 한다. 그의 뛰어난 역량을 일찍이 알아본 세종은 그를 발탁하여 중국으로 유학을 보냈다. 그에게 뛰어난 재주와 능력을 체계적으로 발전시킬 기회를 준 것이다.

장영실은 중국 유학에서 많은 것을 배우고 익혔다. 특히 조선보다 앞선 중국의 기술적 이론과 능력을 습득하였다. 그는 세종이 준 기회를 놓치지 않고자 기술과 능력을 열심히 갈고 닦아 조선 최고 발명가의 자질과 능력을 갖추게 되었다. 세종은 유학을 마치고 돌아온 장영실을 궁으로 불러들여 연구·발명의 기회를 주었다.

장영실은 세종의 격려와 뒷받침 속에 혼천의(천문관측기구) 앙부일구(해시계) 자격루(물시계) 수표(물의 양을 수시로 측정, 가뭄이나 홍수에 대비) 등 많은 것을 발명하였다. 장영실은 수표를 청계천과 한강에 설치하고 물의 양을 수시로 확인해 홍수나 가뭄에 대비할 수 있도록 하였다.

그가 발명한 천체의 운행을 알려주는 혼천의와 시간을 알려주는 자격루를 결합하면, 절기에 따른 태양의 위치를 정확히 알 수 있게 되어 그 절기에 농촌에서 해야 할 일들을 미리 백성들에게 알려 농사짓는데 큰 도움이 되었다. 또한 수표를 설치를 통해 가뭄과 홍수에 대비할 수 있도록 한 일들은 농경사회를 획기적으로 발전시킬 수 있는 기틀을 마련한 것이었다.

이러한 장영실의 발명은 세종의 왕도정치를 굳건하게 만드는데 혁혁한 공이 되었다. 세종은 장영실의 훌륭한 업적을 치하하여 종3품의 벼슬을 내렸다.

조선 최고의 발명가이자 과학자인 장영실은 세종이 꿈꾸던 백성을 위하는 왕도정치 구현에 절대적으로 필요하고 원하던 인재였다. 즉, 그 시대 인재상에 가장 걸맞은 인재였던 것이다. 세종은 시대에 필요한 인재를 선발하는 일반적 통치에서 더 나아가 인재를 알아보고 육성하고 발탁할 줄 아는 현명한 통치자였다고 할 것이다.

인재를 활용해 강한 조직을 도출해 낸 나폴레옹!

천재 나폴레옹이 원했던 뛰어난 인재

나폴레옹은 많은 명언을 남겼다. 그는 시간을 소중히 여겼으며 틈만 나면 독서를 하였다고 한다. 그는 "나의 사전에는 불가능은 없다. 불가능이란 글자는 어리석은 자의 사전에만 있다."라는 명언으로 유명하지만, 그는 이외 많은 주옥같은 명언들을 남겼다. 그중 몇 가지를 아래에 정리하였다.

- "민첩하고 기운차게 행동하라. '그렇지만'이라든지 '만약'이나 '왜' 같은 말들을 앞세우지 말라. 이런 말을 앞세우지 않는 것이 승리의 '제일 조건'이다."
- "숙고할 시간을 가져라. 그러나 일단 행동할 시간이 되면 생각을 멈추고 돌진하라."
- "자기가 할 수 있는 모든 것을 하는 것은 인간이 되는 것이며, 자기가 하고 싶은 모든 것을 하는 것은 신이 되는 것이다."
- "지도자란 희망을 파는 상인이다."

나폴레옹은 몰락한 귀족 출신이다. 그는 황제가 되어 유럽 대륙의 거의 대부분을 정복한 정복자의 이미지가 강하지만, 인재를 얻기 위해서라면 어떠한 일이든 마다하지 않겠다는 굳은 의지를 보였다고 한다. 그렇기 때문에 그는 매사에 포기를 모르고 명령에 복종하면서 문제를 해결해 낼 줄 아는 뛰어난 인재를 원했다고 한다.

이러한 그의 인재관은 조직을 일사불란하게 만들어 승리를 거듭하는 것이 가능케 했다. 이를 통해 강력한 조직력을 갖게 된 나폴레옹은 조직의 일치단결된 힘을 활용하여 유럽 최강의 군대를 갖게 되었고, 결국 거의 유럽 전역을 정복하기에 이르게 된다.

참고 : HR컨설팅(주) 경영연구소 자료, 네이버 백과, 나폴레옹 명언모음.
기사, 시대가 변하면 인재상도 변한다. 19.04.25 월간 recruit 최성희 참고 재구성.

헤드헌터의 눈

위 사례를 능력 중심으로 인재들 등용한 세종대왕과 나폴레옹과 같은 통치자의 이야기로 보기보다는 기업으로 시각을 돌려볼 필요가 있다. 기업에서도 미래인재 확보를 위한 별별 방법들이 회자되고 있다. 한때, S기업 채용면접 시 CEO 옆에 관상가가 동석했다는 일화는 유명하다. 이처럼 기업들도 우수 인재확보를 위한 장기 전략으로 기업장학금, 채용약정, 더 나아가 기업의 긍정적 이미지와 가치상승을 위한 사회적 기여 등 다양한 정책들을 활용하고 있으며, 기업 정책 속에 인재확보를 위한 보이지 않는 노력이 숨어 있다고 할 것이다.

Note

3. 헤드헌터 실무 Process 이해 Ⅱ

앞서 2장에서 언급한 헤드헌터 실무 프로세스 A부터 Z까지의 전체 내용을 이론과 실무적 관점으로 다루었으나, 본장에서는 실제 헤드헌터 업무에서 가장 중요한 고객사 개척에 대해서 알아보고자 한다. 헤드헌터로 성공하기 위해서는 고객사 개척은 필수적인 업무이다. 따라서 고객사 개척만이 성공의 지름길임을 명심해야 한다.

3.1. 성공적인 고객사 개척 방법

(1) 고객사 개척의 조건

헤드헌터로 성공하기 위해서는 우선 좋은 고객사와 적합한 후보자가 있어야 한다. 헤드헌터에게 좋은 고객사는 회사규모를 떠나서 포지션이 지속적으로 오픈되면서 채용 프로세스가 짧고, 서류검토 기간이 짧아서 피드백이 빠르고, 석세스가 많이 되고, 헤드헌팅 수수료가 잘 지급되는 기업이 좋은 고객사가 아닐까 생각한다.

가. 좋은 고객사의 조건이란…

- 반드시 대기업일 필요는 없으므로 너무 대기업만 개척하는데 집중하는 것은 바람직하지 않다.

- 회사규모가(자본금/매출액/직원 수 등…)적정규모 이상 중소기업, 중견기업, 벤처기업 등 고려해서 컨택하는 것이 좋다.
- 기업의 규모를 떠나서 브랜드 인지도가 있는 기업
- 채용프로세스가 간결하고 서류검토 피드백이 빠른 기업
- 기업이 성장하면서 지속적으로 포지션이 오픈되는 기업
- 인사팀과 신뢰가 쌓여서 좋은 관계가 형성된 기업
- 직원의 이직이 그리 많지 않은 기업이면서, 신입입사자 관리가 잘되고 있는 기업

나. 적합한 후보자의 조건이란…

- 오픈된 포지션 JD기준으로 볼 때 Great People 보다 Right People!
- 현재연봉과 희망연봉수준이 고객사기준에 적합한가?
- 이직 사유 또는 이직을 하려고 하는 이유가 명확한 후보자
- 해당기업에 입사하려고 하는 의지가 강한 후보자
- 겸손과 배려가 몸에 배어있는 에티켓이 좋은 후보자
- 후보자가 채용기업의 문화 또는 업무시스템에 적합한 인재인가?

상기 두 가지 조건을 갖출 때 헤드헌터에게 높은 성공을 안겨줄 가능성이 크다.

(2) 고객사 개척의 방법

헤드헌팅 업무에 있어서 유망고객사를 발굴한다는 것은 헤드헌팅 비즈니스에 있어서 성공과 실패를 좌우할 수 있는 핵심적인 성공 요인이다. 대부분의 헤드헌터를 처음해보는 신입헤드헌터의 경우 고객사를 어떻게 발굴해야 할지를 잘 몰라서 고객사 개척을 두려워하는 경우를 종종 볼 수 있다. 그러므로 자신 있게 고객사 개척을 하는 것이 매우 중요하다. 따라서 메인고객사를 발굴할 때는 다음과 같은 3가지 기준을

가지고 메인고객사를 컨택해 본다면 도움이 될 것 이라 생각한다.

첫째, 헤드헌터는 자신이 컨택할 만한 고객사를 어디에서 찾을 것 인가?

둘째, 어떤 기준으로 고객사를 선정하여 컨택할 것인가?

셋째, 어떤 방법으로 고객사를 컨택할 것인가?

가. 헤드헌터는 자신이 컨택할 만한 고객사를 어디에서 찾을 것인가?

- 자신이 근무했던 기업
- 자신의 지인과 인적 네트워크를 활용
- 내가 지금까지 쌓아온 업무경력 및 업종을 중심으로
- 인적네트워크를 활용한 다양한 모임(동창, 회사, 업종 또는 업 계친목 모임, 동호회, 세미나 등…)
- 잡포털 공고를 보고
- 인사담당자와 후보자들과 좋은 관계 형성으로 통해서 소개받기
- 각종 전문매체를 통해서(신문, 잡지, 인터넷, 협회지, 뉴스레터 등…)

나. 어떤 기준으로 고객사를 선정하여 컨택할 것인가?

- 매출액규모(대기업/중견기업/중소기업/소기업/벤처기업 등)
- 업종(IT/서비스/유통/식품/제조업/금융/제약 · 바이오 등)
- 아이템(반도체/자동차/섬유/식음)
- 업력

다. 어떤 방법으로 고객사를 컨택할 것인가?

- 자신의 경력과 전문성에 맞는 관심업체를 사전조사 후 컨택하기
- 한번 컨택한 고객사는 무조건 전화 및 이메일 발송(회사소개서 포함)
- 인사담당자에게 해당 기업업종에 맞는 전문가로써 공감대형성 을 통하여 신뢰감 쌓기(인사담당자에게 자신의 기억하게 하라)

– 우수한 후보자 DB를 활용하여 관심고객사 컨택하기

> "전화하는 것을 망설이지 말고,
>   거절당하는 것을 두려워 하지말자"

(3) HR 채용 인사담당자 확인하기

일반적으로 기업 내 인사팀에는 인사업무를 직무별로 구분하여 업무 R&R을 정하여 HR팀 인원으로 구성되어 있다. 그러므로 헤드헌터는 HR팀 내 채용담당자와 주로 업무적인 커뮤니케이션 하는 것이 일반적이다. 따라서 헤드헌터는 반드시 기업 내 HR팀 채용담당자가 누구인지 확인 후 컨택하는 것이 좋다. 또 다른 한편으로는 HR팀장과 직접 컨택하기도 한다.

(4) 고객사로부터 채용의뢰를 받을 때 확인할 사항

- 포지션이 오픈된 배경(충원/결원으로 인한 대체, 신사업, 기존 인원 대체)확인
- 채용하고자 하는 사람의 인적사항, 직급, 직책 경력 년 수
- JD에 기술한 직무내용 철저히 분석(업무내용/자격조건/우대조건/필수조건 등)
- 채용프로세스 절차, 채용마감시기

(5) 고객사 유지관리

헤드헌터에 있어서 고객사 개척도 쉽지 않지만, 고객사의 유지관리도 매우 중요하다. 좋은 고객사와 오랫동안 상호 파트너십을 가지고 오랫동안 지속적인 Win-Win의 관계를 유지하는 것이 무엇보다도 중요한 핵심과제이다. 고객사 인사담당자들이 원하는 것은 채용포지션이

오픈되었을 때, 헤드헌터가 얼마나 빠르게 적합한 후보자를 추천해서 채용시키느냐가 중요하다. 결론적으로 말하면, 고객사와 좋은 관계를 유지하기 위해서는 최선을 다해서 해당포지션 채용이 정한 기간 내 클로징 시키는 것이 핵심이라 하겠다. 따라서 고객사와 헤드헌터가 지속적으로 좋은 관계를 유지하기 위해서는 아래와 같은 요인이 중요하다고 하겠다.

> 가. 고객사로부터 채용의뢰를 받게 되면 반드시 적합한 후보자를 다수 추천한다. 반드시 다수를 추천할 필요는 없지만, 채용이 될 만한 적합한 후보자 추천이 중요하다.
>
> 나. 이력서를 많이 보내는 것이 중요한 것이 아니라 채용이 될 만한 적합한 후보자 한명이 더 중요하다.
>
> 다. 인사 담당자들과 수시로 커뮤니케이션 하면서 상호신뢰를 형성하면서 포지션 진행과정 및 신규 포지션 등을 수시로 체크하는 것이 중요하다.

3.2. 고객사 개척 실무 매뉴얼

아래 실무 매뉴얼은 HR컨설팅(주)에서 오랜 실무경험을 토대로 매뉴얼을 제작하여 내부 교육 자료로 사용하고 있는 상황별 세부 매뉴얼을 제시한 것이다. 이에 관련 분야에서 유용하게 활용되길 바라는 마음으로 해당 내용을 공유하고자 한다.

(1) 고객사 개척 시 상황별 대처 방안 응대 매뉴얼

---

1) 고객사 컨택 시 직통 번호가 있을 경우 컨택 화법

채용담당자 컨택 시
"안녕하세요? 저는 HR컨설팅의 OOO 입니다.
채용담당자○○○님과 통화하고 싶습니다."

담당자가 연결되면…
"○○○님 귀사의 채용포지션과 관련해서 전화드렸습니다."

채용담당자이외 사람과 컨택 時
"안녕하세요? 인사팀채용 담당자분과 통화하고 싶습니다.
채용관련 문의 드리고자합니다"

채용담당자가 부재중인 경우에는…
가. 전화 메모를 남기자
나. 채용담당자와 전화 받은 사람의 이름, 직급, 이메일을 물어보자.

---

2) 고객사 컨택 시 직통번호가 없을 경우

채용담당자 정보 사전 파악
– (잠재) 고객사의 채용담당자의 정보를 사전에 파악한다.
– 최소한 이름, 직급, 연락처를 파악하자.
– 구글 인터넷 검색
– 잡포탈 사이트 채용공고
– 고객사 대표전화 문의
– 고객사 채용홈페이지
– 지인 문의 등

"채용 담당자 정보 파악 전,
고객사전화 컨택은 가급적 자제하자."

3) 고객사 컨택 후 거절시 응대화법

채용담당자와 통화 연결된 경우 가정

"안써요"

"네… 그러시군요", "네 잘 알겠습니다." 라고 바로 끊지 않는다.

"나중에라도 헤드헌팅을 활용하게 되는 경우를 위해 회사소개서를
보내드리겠습니다. 검토 부탁 드립니다"

"다른 서치펌써요"

"네… 그러시군요"라고 동의 한 뒤에 뻥지르자~!

"1년 단위 재계약시 저희 회사가 하고 싶습니다.
회사소개서 보내드리겠습니다. 긍정적으로 검토 부탁드립니다."

"다른 곳을 활용하시더라도 복수로 활용하시면 선택의 폭이 넓어지게 됩니다."

"다른 곳도 사용하시면서 긴급한 건은 저희에게 의뢰해주세요."

"저희 회사는 전 산업분야의 인재 수십만 개 인재DB를 보유하고 있습니다."

"저희는 OO경쟁사에서 인재추천 성공케이스가 많습니다."

"바빠요 나중에"

"지금은 아니나 특정포지션은 활용하는 경우가 있다.
Or 지금은 아니나 나중에 검토하겠다 라고 한다면…"

"회사소개서를 보내드리겠습니다. 긍정적인 검토 부탁드립니다."

– 회사의 인재 DB를 강조한다.
– 잠재 고객사 소속 산업전문성을 부각한다.
– 자사 헤드헌팅 활용 시 장점을 부각한다.

4) 기타: 이메일 컨택 시

① 인사채용 담당자 소개요청 메일 보내기

[지인통한소개요청]

***친우에게 귀사의 채용부서 팀장님과 담당자를 알지 못하여 아래의 내용이 전달되기를 바라면서 메일 드립니다.

[채용담당자 직접컨택]

안녕하세요? HR컨설팅 XXX입니다. ~~~~~~~~~~~~~~~~

귀사의***님 소개로 연락드립니다. ~~~~~~~~~~~

(if OK라면)

[회사소개 및 강조 포인트]

- 컨설턴트 40명 이상
- 다수의 인재네트워크
- 10년 이상
- 정통 서치펌
- ○○○ 산업, ○○○ 직무관련 다수고객사 확보
- 고용노동부서비스 우수인증기관

[포지션의뢰요청]

향후 인재추천 의뢰 시 적합한 인재 추천 드리겠습니다.

[컨설턴트자기PR]

저는 ~~~~~~"

---

(2) 후보자 컨택 시 추천 메일 보낼 때 안내문구 메뉴얼

J.D 포함하여 추천 메일 보낼 때 문구예시

제복 홍길농님, ABC수식회사○○○포지션 제안 드립니다.

안녕하세요? HR컨설팅 ○○○ 이사입니다. ~~~~~~~~~
잡포탈 XXX에 올리신 이력서 보고 연락드립니다. ~~~~~~~~~
귀하께 ABC주식회사 ○○○ 포지션 제안 드립니다. ~~~~~~~~~

이직을 검토하신다면 아래의 상세한 JD를 참조하여 주시고 이력서 보내주세요.
최선을 다해 좋은 결과 드리도록 하겠습니다.

[문구Tips]
– 회사정보
– 포지션 이슈
– 근무여건/연봉/직책/근무지 정보 제공
– 상세한 JD
– 이력서 양식
– 헤드헌터 자기 PR (학교, 전공, 경력, 전문분야로 끝인사)

---

(3) 기타 필요하다고 생각하는 문구나 응대화법

[가이드& Tips]
– 성실, 정직, 진실이 통하게
– 많은 이야기가 아니라 채용담당자가 좋아할 내용과 정보를 보내자
– 나의 경력을 너무 부각하지는 말자
– 채용 고객사에서 좋아할만한 정보를 보내 주자
– 좋은 문구나 정보를 1주일에 1~2번 보내준다.
– 고객사마다 천편일률적인 통일된 내용으로 안내말고 고객사별 특정상황을 파악하여
안내하자

(고객사의 잡포탈, 채용 사이트 등을 보고 BM이나 MD를 뽑는다면
이와 관련한 사항에 대해서 정보전달)

---

(4) 후보자에게 포지션제안 메일 보낼 때 포함되는 내용: 보다 상세한 예시

[인사말]
"일상적인 인사 및 편지를 보낸 이유 설명"

[회사관련사항]
– 회사업종 및 매출액/ 회사의 조직구성 및 인원/ 주요생산품 및 비율
– 회사 오너의 특징성향/ 회사의 경영방침/ 회사 내 역학관계 및 지분관계
– 회사의 비전 및 사업추진방향/회사분위기 및 최근동향/홈페이지 주소

[업무관련사항]
– 세부적인 담당업무/외국어/경력/보고체계/급여 및 복지관계
– 진급연한/최근 관련 업종동향/필요한 서류
– 주요 체크포인트
  (이력서 및 경력기술서, 자기소개서에서 반드시 언급되어야하는 부분)

▷ 우리가 타 서치펌과 차별된 다는 것을 후보자가 느끼도록 한다.

"헤드헌터 소개(후보자와의 신뢰에 관한부분)"

"HR컨설팅 소개(첨부파일로 이력서양식과 함께 보냄)"

Note
....

....

....

....

....

....

....

....

(5) 후보자에게 메일 발송 이후 전화 컨택 시 화법

예시

안녕하세요? OOO 과장님 맞으신지요?

저는 XXX 포지션 제안 드린 HR컨설팅 OOO 이사입니다.
(확인 차 전화 드렸습니다. 전화 통화하시기 괜찮으신지요?)

저희는 현재(국내, 국외) OOO 업종에서 근무하실 과장(직급)급의 인재를 찾고 있습니다. 과장님께서 올리신 이력서를 검토해볼 때 저희가 찾는 인재와 많은 부분 일치하는 것 같아 몇 가지 궁금한 사항을 추가로 알아보고자 전화 드렸습니다.

이력서상에는 OOO에 계신 것으로 나와 있는데 현재 구직활동 중이신가요?
지금 저는 OOO기술을 가진 분을 찾고 있습니다.

혹시 이 부분에 대한 경험이나 경력이 있으신가요?
(제반 사항에 대해 질문함)

네, 여러 가지를 여쭤보니 저희가 찾는 분인 것 같습니다.

그럼 제가 관련정보를 메일로 보내드릴 테니 이력서 및 자기소개서, 경력기술서를 상세하게 작성하여 보내주시면 저희가 나머지 업무진행을 추진하도록 하겠습니다.

그럼 좋은 하루되십시오.

※ 상황에 따라서는 바로 후보자와 사전인터뷰 일정을 잡는다.
레퍼런스 체크리스트 요청(회사 요청 시: 팀장이나 임원급 경우)

(6) 후보자에게 면접 안내메일을 보낼 때 포함되는 내용

예시

- 면접일자, 시간, 장소-15분~30분전 도착
- 면접대기를 위한 컨택포인트
- 면접진행방법-1:1, 1:다, 다:1 등 – 면접관인원, 직책, 성향…
- 면접 시 자주 묻는 내용 등
- 면접 시 유의사항 및 Tip
- 복장
- 면접 마지막에 면접관이 궁금한게 있나요 질문 시?
  ▷ 근무시간, 연봉 및 처우조건에 대해서 질문은 지양
  ▷ 현직 및 전 직장 회사나 상사/동료 비하금지

- 후보자의 장점은 잘~~~~
- 후보자의 약점은 적절하게~~~~
- 해당 분야의 전문성을 강조하도록 안내
- 고객사에 발송한 본인 이력서 첨부!

좋은생각

"아는 것이 힘이다." 옳은 말이다.

그러나 이 문장을 완벽하게 만들려면

단어 하나를 더 넣어야 한다.

"아는 것을 실천해야 힘이다."

-철학자. 프랜시스베이컨-

II. 입문과정(이론편) – 헤드헌터

쉬어가는 페이지

"지구상에 살아남은 것은 『강한 것』이 아닌 『변화에 순응한 것』들이다."

종의 기원의 저자 찰스 다윈(Charles (Robert) Darwin, 1809~1882)

4차 산업혁명 시대는 미래를 예측하기 어렵다. 기업, 기업가, 직업인, 직장인 그리고 일반인들 모두가 생존의 위험에서 안전을 보장하는 원칙과 방향 그리고 방법을 찾으려고 온갖 노력을 다하고 있다. 이에 대한 해답은 다윈의 말대로 '변화에 순응하는 것'이다. 그렇다면 어떻게 변화에 순응하고 대처할 것인가? 변화 순응에 역작용을 하는 가장 큰 걸림돌은 무엇일까?

고정관념(固定觀念)이란?

▶ **사전에서 고정관념의 뜻을 찾아보면 다음과 같이 설명하고 있다.**

• 마음속에 굳어 있어 변하지 않는 생각이다.
• 잘 변하지 아니하는 행동을 주로 결정하는 확고한 의식이나 관념을 의미한다.
• 어떤 사람이나 집단의 마음속에 굳게 자리 잡고 있어서 늘 머리에서 떠나지 않고 어떠한 상황의 변화에도 흔들리지 않는 생각(심리)을 뜻한다.

우리가 주목해야 할 고정관념의 핵심은 보면 상황이 변했는데도 과거의 상황에 머물러 있는 생각 즉 변화를 거부하거나 느끼지 못하는 것을 일컫는 것이다. 즉, 상황에 따라 행동도 변해야 함을 의미한다.

▶ **변화에 순응 못하는 벌, 순응하는 파리의 최후**

실험 같은 수의 벌과 파리를 병속에 넣은 다음 병 바닥을 밝은 빛이 드는 창쪽으로, 병 주둥이는 어두운 곳으로 뉘어 놓는다. 어떤 현상이 일어날까?

결과 벌은 밝은 방향에서 출구를 찾다 지쳐 죽을 때까지 병 밑바닥에서 악전고투한다. 파리는 실험 시작 2분이 정도 지나면 반대쪽 병 주둥이로 나가 버린다.

벌은 밝은 쪽에 반드시 출구가 있다고 학습되어 있다. 따라서 상황 변화와 무관하게 기존에 자신이 맞다고 생각했던 생각을 토대로 일관된 행동만을 취한다. 기존의 지식과 경험만을 중요하게 여기고, 자신이 가진 생각안에서만 행동하는 벌에게 있어서 유리병은 한 번도 본 적이 없는 초자연적인 현상이며 어려운 응용문제인 것이다.

한편, 파리는 유리라고 하는 보이지 않는 장벽에도 불구하고, 빛의 방향 같은 것을 고려하지 않고 유리병 안에서 사방으로 무턱대고 날아다니며 가능성의 문을 두리면서 돌아다닌다.

얼마 간의 시간이 지난 후에 어떤 일이 벌어졌을까? '단순한 자에는 행운이 기다린다.'는 격언 그대로 빛이 비치는 반대쪽에서 출구를 찾아낸 파리는 드디어 자유스러운 몸이 되었다.

이 사례를 보면, 기존에 알고 있던 지식, 경험 그리고 논리는 상황이 변하면 맞지 않거나 바뀌야 한다. 업무를 처리하는 방식이나 업무에 관한 지식도 마찬가지다. 기존의 생각에 함몰되어 변화된 상황에 적절히 대응하지 못하면, 결국 지쳐 쓰러져 죽어가는 '벌'의 꼴을 면치 못하게 된다. 급변하는 4차 산업혁명 시대에는 상황이 바뀌면 방법을 바꾸고, 생각을 바꾸고, 태도를 바꿔서라도 새로운 상황에 맞는 방식을 찾아내는 '파리'같이 창의적인 인재가 살아남을 가능성이 더 높은 것이다.

고객은 시대와 상황 변화에 따라 계속해서 새로운 요구를 한다. 유능한 헤드헌터는 기존에 자기가 알고 있던 방식에서 벗어나 계속적으로 변화하는 고객사의 요구를 잘 파악하고, 시대적 상황 변화에 맞는 방법으로 적합한 인재를 찾아서 적기에 고객사에 연결해 줄 수 있어야 하는 것이다.

참고: 김준영(2000), "SUCCESS PROGRAMMING", 도서출판 스몰비지니스.
톰 피터스, 〈초우량기업의 조건〉을 토대로 HR컨설팅(주) 경영연구소 재구성

III

헤드헌팅 Success
분석 자료

1. 헤드헌팅에 석세스 한 사람들,
그들은…?

본 장에서는 '구직자'와 '고객사' 간에 연결을 성공적으로 성사시킴을 의미하는 헤드헌팅 '석세스(Success)' 데이터(Data)를 중심으로 실제로 헤드헌팅에 성공한 이들이 어떤 특성을 가졌는지 살펴보려고 한다.[1]

여기에서 제시된 자료는 HR컨설팅(주)에서 최근 3년간 성사시킨 석세스 데이터 분석결과를 토대로 HR컨설팅(주) 경영연구소에서 분석한 것이다.[2] 분석결과, HR컨설팅(주)는 대략 1개 회사당 평균 2.9건을 성사시켰다.

그렇다면 이렇게 헤드헌팅을 통해 직장을 옮기거나 새로운 일터로의 진입에 성공한 이들은 어떤 특성을 가졌을까? 그들의 뒤를 따라가 보자.

---

1) 데이터 제공 : 2018 HR 컨설팅 경영연구소 Success 데이터 분석 자료

2) 일반적으로 이러한 자료는 기업 내부자료에 해당할 뿐만 아니라 영업 비밀에 해당한다. 다만, 본서를 읽는 독자들에게 좀 더 유용하고 실익이 되는 도움을 주기 위해 분석 자료를 공개한다. 만약, 이 자료를 순수 학문적 목적 또는 학습 용도 이외에 개인적·사적 이익을 목적으로의 다른 어떤 용도로도 활용하거나 부당하게 이익을 취하는 용도로 사용할 경우 법적 조치 및 처벌을 받을 수 있음을 미리 밝혀둔다.

1.1. 어느 정도 규모의 기업으로 갔나?

우선 지난 4년 간 헤드헌팅을 통해 이직에 성공한 사람들이 주로 어느 정도 규모의 기업으로 이동하였는지 살펴보았다. 〈그림 10〉에서 볼 수 있듯이 전체 데이터(100%)의 34%가 대기업, 55%가 중소기업, 11%가 외국계 회사로 이직(또는 취업)에 성공하였다.

여기에서 알 수 있는 것은 대기업이나 외국계 기업들만 헤드헌팅을 활용할 것이라는 일반적인 이해와는 달리 중소기업으로의 이직이 상당히 활발하게 이루어지고 있으며, 기존직장에서 헤드헌팅을 통해서 중소기업으로 이직하는 구직자(업계에서는 주로 '후보자'라고 칭함)들이 가장 큰 비중을 차지하고 있음을 알 수 있다.

〈그림 10〉기업 규모로 본 최근 3년 간 석세스 동향

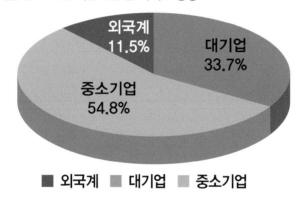

1.2. 어떤 업종으로 옮겨 갔나?

후보자들은 주로 어떤 업종으로 자리를 옮겨 갔을까? 그들은 헤드헌팅을 통해 그들이 원하는 매우 다양한 업종으로 이직에 성공했다. 그 업종 다양성의 폭이 너무 넓어서 먼저, HR컨설팅(주)에서 제시한 내부 분류 기준에 따라 업종을 분류해서 분석을 실시해 보았다. 이 분석의 데이터는 단일 회사의 자료이기는 하지만, 실제 헤드헌팅 서비스를 통해 이직에 성공한 사람들이 어떤 업종으로 옮겨갔는지를 약 4년에 걸친 데이터로 분석했다는 점에서 활용가치와 의미가 크다고 할 수 있다.

분석결과는 다음 〈그림 11〉와 같다.

〈그림 11〉 Success된 기업의 업종 분류(단위, %)

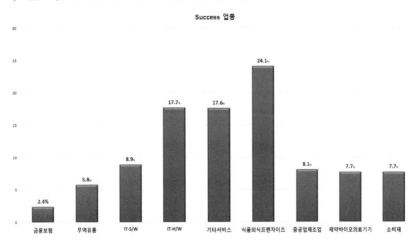

분석결과, 전체 Success 사례 중에서 금융보험업 2.4%, 무역유통 5.8%, IT-S/W 는 8.9%, IT-H/W는 17.7%, 기타서비스는 17.6%, 식품외식프랜차이즈는 24.1%, 중공업제조업은 8.1%, 제약바이오의료기기는 7.7%, 소비재 역시 7.7%로 식품외식프랜차이즈, IT-H/W, 기타서비스 업으로 가장 많이 이동한 것으로 나타났다.

(1) 한국표준산업분류를 활용한 업종 이동 추적

앞선 본문의 분석에서는 HR컨설팅 내부 기준에 의해 업종을 분류해서 분석했으나, 여기에서는 좀 더 정제된 업종 분류를 위해 통계청, 통계분류포털에서 제공하는 '한국표준산업분류' 기준을 활용하여 해당 업종들을 다시 분류·분석해 보았다. 한국표준산업분류는 "생산단위가 주로 수행하는 산업활동을 그 유사성에 따라 체계적으로 유형화한 것으로, 통계자료의 정확성 및 국가 간의 비교성을 확보하기 위하여, UN에서 권고하고 있는 국제표준산업분류를 기초로 작성한 통계목적의 분류이며, 일반 행정 및 산업정책관련 법령에서 적용대상 산업영역의 결

정 기준으로 준용되는 기준"이다(통계청-통계분류포털, 2019)[3]

다만, 한국표준산업분류는 '대분류', '중분류', '소분류', '세분류', '세세분류' 등 모두 5단계의 분류로 나누어지는데, 여기에서는 대분류를 기준으로 하였기 때문에 1차 분석에서 세세한 업종 내용까지는 제시하기가 어려웠다. 그러나, 이러한 시도는 실제 헤드헌팅 서비스를 통해 이직에 성공한 사람들이 어떤 업종으로 옮겨갔는지를 4년에 걸친 데이터로 분석했다는 점, 공신력 있는 국가적 분류기준을 활용했다는 점에서 활용가치와 의미가 크다고 할 수 있다. 분석결과는 다음 〈그림 12〉와 같다.

전체 Success 사례 중에서 교육서비스업 0.6%, 금융 및 보험업 3.8%, 도매 및 소매업 5.5%, 사업시설 관리, 사업지원 및 임대 서비스업 1.3%, 숙박 및 음식점업 8.9%, 운수 및 창고업 0.4%, 전문, 과학 및 기술 서비스업 11.8%, 정보통신업 11.4%, 제조업 56.4%로 제조업이 가장 높은 성공률을 보였다.

이는 금융, 서비스, 컨설팅 등과 같은 소위 화이트 컬러(White Color) 직군에서 헤드헌팅이 원활하게 이루어지고 있을 것이라는 일반적 인식과 달리, 블루칼라(Blue Color)로 인식되고 있는 제조업 분야에서 오히려 헤드헌팅이 더 원활하고 활발하게 이루어지고 있음을 보여주는 결과이다.

다만, 한국 표준산업분류 대분류 기준에는 컴퓨터 하드웨어, 음식, 건강식품, 수산물, 곡물, 섬유, 모피, 화학, 합성, 의약품, 광물, 금속, 전기, 전자 등 대략 24가지의 중분류에 해당하는 업종이 모두 제조업으로 분류되어 있고, 이를 다시 소분류와 그보다 더 작은 분류 기준으로 나눠보면 서로 이질적이라고 생각되는 업종들이 함께 포함되어 있기 때문에 다소 포괄적인 면은 있을 수 있다. 그럼에도 불구하고, 교육 서비스업,

---

3) 통계청, 통계분류포털(https://kssc.kostat.go.kr:8443/ksscNew_web/index.jsp#)

금융 및 보험업, 전문, 과학 및 기술 서비스업, 정보통신업 등과 같이 다른 분류의 성공 건수를 모두 합친 것보다도 더 많은 Success가 제조업 분야에서 이루어지고 있다는 점은 눈여겨 볼만 한다.

〈그림 12〉 Success된 기업의 업종 분류(단위, %)

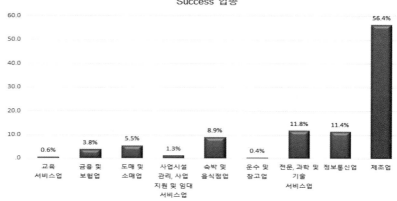

(2) 제조업 추가분석을 통한 업종 이동 내역 세부 확인

앞선 분석결과는 공신력 있는 분류기준을 활용해서 분석했다는 장점에도 불구하고, 전체 데이터의 절반이 넘는 56.4%가 제조업으로 분류되어 세부적인 Success 업종을 확인하는데 한계가 따른다. 이러한 한계의 극복을 위해 제조업 데이터만을 따로 떼어서 그 속에 포함된 업종들과 비율을 다시 분석해서 정리해 보았다. 따라서 아래 분석에서 100%는 최초 분석했던 전체 데이터에서 따로 떼어낸 56.4%의 제조업 전체를 의미한다.

분석결과 제조업 56.4% 안에는 모두 13개의 업종이 포함되어 있었다. 구체적으로 각 업종의 비율을 하나씩 살펴보면, 기계플랜트 2.7%, 기타제조 0.2%, 사무기기 2.3%, 소비재 8.7%, 식품 26.3%, 에너지 1.5%, 의료기기 5.2%, 자동차 5.3%, 전기전자 21.8%, 전자제품 7.2%, 제약바이오 8.5%, 철강 0.3%, 화학 4.2%로 대체로 고른 분포를 보였으나, 식품과 전기전자가 비중이 높았으며, 상대적으로 철강과 기타제조는 비중이 매우 낮은 것으로 확인되었다. 분석결과를 알아보기 쉽게 시각화 한 것이 〈그림 13〉 이고, 알기 쉽게 표로 정리한 것이 아래 〈표 14〉 이다.

〈그림 13〉 제조업 심층 분석 결과

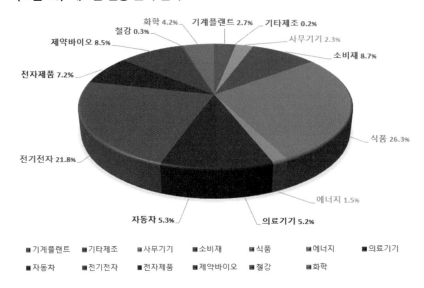

〈표 14〉 제조업 심층분석 결과(단위, %)

업종	기계플랜트	기타제조	사무기기	소비재	식품	에너지	의료기기	자동차	전기전자	전자제품	제약바이오	철강	화학	합계
%	2.7	0.2	2.3	8.7	26.3	1.5	5.2	5.3	21.8	7.2	8.5	0.3	4.2	100.0

Note

1.3. 주로 어느 지역으로 갔나?

기업에게도 마찬가지이지만 일자리를 구하려는 사람에게도 '지역'은 중요하다. 그렇다면, 헤드헌팅 서비스 이용자들 중 매칭에 성공한 후보자들은 주로 어느 지역으로 갔을까? 이는 헤드헌팅 수요가 실제로 어느 지역에 가장 많이 존재하는가 여부로 바꿔서 생각해 볼 수 있다. 분석결과를 시각화하여 〈그림 14〉와 같이 정리해 보았다.

〈그림 14〉 헤드헌팅 석세스 지역별 현황

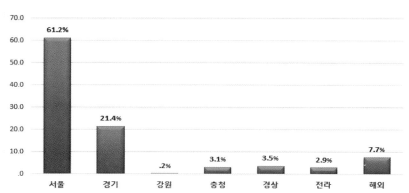

분석결과, 모두가 예상하듯이 서울이 61.2%, 경기가 21.4%로 대부분의 석세스가 서울·경기에 집중되어 있음을 알 수 있었다. 이는 헤드헌팅 서비스를 통해 인재를 채용하려는 기업의 수요가 우리나라에서 서울·경기에 가장 많이 존재한다는 것을 의미하는 결과이다. 별로 새로울 것은 없지만 아무튼 헤드헌팅 서비스를 통해 새로운 일자리를 찾는 후보자 입장에서는 서울·경기 지역을 주요 취업처로 고려하면 취업 가능성이 한결 높아질 수 있다는 얘기다. 더불어 헤드헌팅 서비스를 제공을 비즈니스의 주요 도구로 삼는 서치펌들도 어쩔 수 없이 서울·경기 지역을 주요 대상 지역으로 삼고, 전략적으로 공략을 해야 할 필요가 있다는 의미가 될 수 있다.

다만, 눈여겨볼만한 결과 중 하나는 서울·경기를 제외한 전국의 대부분 지역보다 해외에서 성사된 성사 비율이(7.7%)이 더 높았다는 점이다. 이는 서울 · 경기를 제외한 여타 지역 강원(0.2%), 충청(3.1%), 경상(3.5%), 전라(2.9%)의 비율을 모두 합한 정도에 육박하는 수치(9.7%)이다. 물론, 이 데이터는 전체 헤드헌팅 시장 데이터를 종합한 것이 아니고, HR컨설팅(주)라는 하나의 서치펌에서 이루어진 단일 데이터이기 때문에 어느 특정회사 또는 개별 회사만의 특성이 반영된 결과라고 볼 수도 있겠지만, 적어도 4년여의 데이터를 취합해서 분석했기 때문에 또 다른 해석도 가능하다.

가령, 취업이 어려운 국내 여건과 현실을 고려해 봤을 때, 경쟁이 치열한 서울 · 경기만을 고려하지 말고, 해외의 취업기회를 모색해 보는 것도 좋다는 의미로 볼 수 있다. 따라서 후보자 입장에서는 고용노동부 서비스우수기관인증을 득한 HR컨설팅(주) 같이 국내 뿐만 아니라 해외에 네트워킹을 보유하고 있을 정도의 특화되고 공신력 있는 서치펌과 컨택(contact)하는 것도 중요하다고 할 수 있다.

최근에는 해외에 진출하려는 국내 기업이나, 이미 해외에 진출해 있는 국내 기업들도 많고, 한국 시장의 성장, 부쩍 높아진 우리나라의 국제적 위상, 한류 붐에 의한 한국에 대한 관심 등으로 인해 해외에서 한국인의 채용 수요가 증가하고 있다. 따라서 이러한 변화의 흐름을 읽고 잘 준비한다면, 재취업 또는 이직을 고려하는 후보자와 우수한 인재를 채용하려는 기업 모두에게 기회가 될 수 있음을 것이다. 그리고 이 분석 결과는 그러한 해석을 뒷받침 하는 결과라고도 할 수 있다.

1.4. 그들의 학력은 어떠한가?

아직까지도 우리나라에서 헤드헌팅 서비스는 일부 전문적인 일자리나 일정 수준 이상으로 규모가 있는 큰 회사의 최고경영층이나 고위층 채용에 국한된 것으로 생각된다. 그렇기 때문에 헤드헌팅 서비스를 이용하는 사람들의 최종 학력은 대체로 높을 것이라고 생각하는 경향이 강하다. 이에 실제 헤드헌팅 서비스 이용해서 이직에 성공한 사람들의 학력을 분석해 보았다.

〈그림 15〉 석세스 대상자 학력 분포(단위, %)

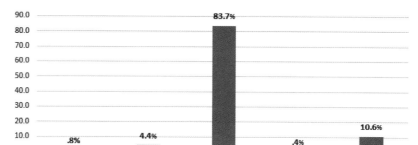

〈그림 15〉에서 볼 수 있듯이 국내 헤드헌팅 서비스 이용자들의 대다수는 4년제 대졸(학사학위)자들이었다. 지난 4년간의 데이터 중에서 무려 83.7%가 4년제 대졸자들이었다. 다음으로 많은 케이스는 해외대학 출신들이었는데, 모두 10.6% 였다.

이러한 결과는 앞서 해외 취업 석세스 건수를 다수 보유하고 있는 HR컨설팅(주)의 자료 특성에서 나타나는 현상일수도 있다. 이러한 결과를 나타내기 위해서는 해외 취업의 기회를 발굴·연계할 수 있는 기업의 역량이 중요하다. 그런 관점에서 분석결과는 그만큼 HR컨설팅(주)의 일자리 발굴과 잡매칭 역량이 높은 수준이라는 것을 의미하는 분석결과로 해석해볼 수도 있다. 그 외에는 전문학사인 2년 대졸이 4.4%, 고졸이 0.8%, 석·박사 이상이 0.4% 였다. 분석결과를 보면,

석 · 박사 학위를 가진 소위 고학력자들은 오히려 헤드헌팅 서비스를 덜 이용하거나, 석세스 케이스에 없었음을 알 수 있다.

1.5. 성별 비율은 어떻게 되나?

지난 4년간 HR컨설팅(주)이 성사시킨 건수를 분석해 본 결과 전체에서 남성은 69.1%, 여성은 30.9%로 나타나서 남성이 여성보다 2배 이상 많은 것으로 나타났다. 이 같은 결과는 전체 취업자(또는 이직자)의 숫자가 여성보다 남성이 더 많기 때문이라고 볼 수 있다. 다시 말해, 헤드헌팅 시장에 존재하는 수요와 공급이 여성보다 남성이 더 많다는 뜻이다. 따라서 수치상에서 남성이 여성보다 많다는 점은 그러한 현상이 있다는 정도로 이해하고 넘어가면 될 것으로 생각된다. 분석결과를 정리해서 그림으로 나타낸 것이 〈그림 16〉이다.

〈그림 16〉 성별로 본 Success 비율

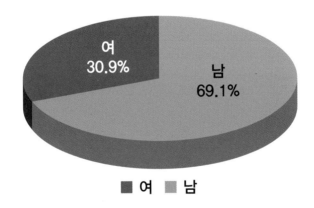

1.6. 그들의 연령대는 어떻게 되나?

헤드헌팅을 통해 다른 기업으로 성공적으로 이직한 사람들의 연령대를 아는 것은 '어느 연령대에서 가장 활발하게 헤드헌팅을 활용하고 있는지', '실제 시장에서 기업들은 어느 연령대의 후보자들을 필요로 하고 있는지' 등을 확인할 수 있다는 점에서 매우 중요하다.

바꿔 말하면, 시장에서 가장 활발하게 거래되고 있는 수요와 공급의 양태를 알 수 있다는 점에서 헤드헌팅을 이용해서 이직을 원하는 잠재적 후보자, 헤드헌팅을 활용해서 좋은 인재를 충원하고자 하는 기업, 그리고 이들을 성공적으로 연결시켜서 비즈니스를 성사시키고 싶은 서치펌 모두에게 유용한 정보가 될 수 있는 것이다. 그런 관점에서 유용한 정보를 제공하고자 HR컨설팅(주)의 차별화 된 서비스를 활용해서 이직에 성공한 후보자들의 연령대를 분석해 봤다. 그 내용을 알기 쉽게 시각화한 것이 〈그림 17〉이다.

〈그림 17〉 HR컨설팅(주)을 통해 이직에 성공한 사람들의 연령

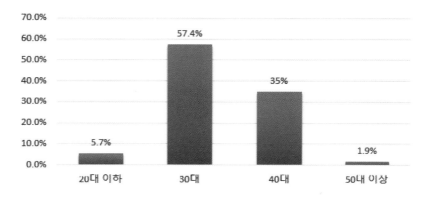

구체적으로 살펴보면, 먼저 20대는 5.7%로 상대적으로 비중이 작았다. 그러나 30대로 넘어가면, 57.4%로 전체의 절반을 훌쩍 넘는 수치를 보였다. 또한 40대도 30대에는 미치지 못하지만, 35%로 상당한 비중을 차지하는 것으로 나타났다. 다만, 50대 이상으로 가면 1.9%로 그 비중이 급격히 감소하는 것으로 나타났다.

이러한 분석결과는 헤드헌팅 시장에서 30대가 가장 활발하게 이직하는 연령대라는 사실을 확인시켜 준다. 더불어 40대도 상당히 활발하게 이직에 성공하고 있음을 알 수 있다. 다만, 연령대의 양쪽 끝에 위치한 20대와 50대는 상대적으로 낮은 성공률을 나타내고 있다.

　　이를 전체적으로 해석해 보면, 20대의 경우 아직 취업에 성공을 못하였거나, 취업에 성공한지 얼마되지 않아서 이직보다는 현재의 직장에서 경험과 경력을 쌓는 경우가 많기 때문일 것으로 보인다. 그러다가 경험과 경력이 쌓이고, 실무에 필요한 지식을 습득하고, 기량이 확보되는 30대부터 이직을 활발하게 시도하고, 이러한 흐름이 40대까지 이어지다가 50대가 되어서는 이직보다는 퇴직을 하는 우리 사회의 흐름을 반영하고 있는 것으로 해석해 볼 수 있다.

Note

1.7. 그들의 직급은 어떻게 되나?

헤드헌팅을 통해 다른 기업으로 성공적으로 이직한 사람들의 직급에 관한 정보는 앞서 살펴봤던 연령에 관한 정보와 마찬가지로 중요한 의미를 갖는다. 왜냐하면, 그 정보 속에 '어떤 직급에서 가장 활발할 이동이 이루어졌는지', '어느 직급에 대한 시장 수요가 가장 많은지', '어느 직급의 성공 확률이 높은지' 등에 대해서 간접적으로라도 알 수 있기 때문이다.

이에 HR컨설팅(주)이 제공하는 서비스를 활용하여 이직에 성공한 후보자들이 주로 어떤 직급으로 이동하였는지 살펴보았다. 해당 내용을 정리한 것이 아래 〈그림 18〉 이다.

〈그림 18〉 직급별 석세스 건수

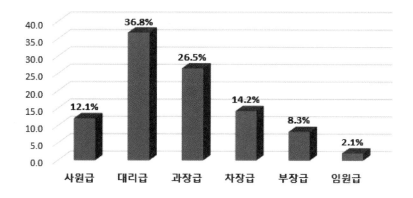

참고로 여기에서 분석한 자료는 각 직급에서 다른 회사로 간 것이 아니라 헤드헌팅 서비스를 활용해서 이동해 간 회사의 직급을 기준으로 삼았다. 우선 조직의 가장 하부에 해당하는 사원급으로 이동한 후보자는 12.1%로 상대적으로 적게 나타났다. 이는 앞서 연령의 특징에서 볼 수 있었듯이 취업에 성공한 젊은이들로 아직 현장 경험을 더 쌓아야 하는 하위직급에 해당되기 때문에 전체에서 비중이 그리 크지 않은 것이라고 볼 수 있다.

다음으로 대리급으로 석세스 된 숫자는 36.8%로 가장 큰 비중을 차지했다. 더불어 과장급도 26.5%로 비교적 높은 비중을 나타냈는데, 이는 앞서 연령적 특성에서 보았듯이 30대에 이직을 시도하거나 성공하는 사람들이 가장 많은 현상과 일치한다고 볼 수 있다. 다시 말해, 헤드헌팅 현장에서는 기업의 대리급, 과장급 직급에 대한 수요가 가장 많을 뿐만 아니라, 어느 정도 실무 경력을 갖게 된 대리급, 과장급 위치의 사람들이 가장 많은 이직 시도를 하고, 성공한다는 의미일 수 있다.

한편, 차·부장급부터는 그 비중이 상대적으로 줄어드는데, 차장급 석세스는 14.25%, 부장급 석세스는 8.3%, 그리고 CEO를 포함한 기업의 최고의사결정층에 해당하는 임원급에서의 석세스는 2.1%로 상대적으로 적은 비중을 나타내었다. 물론 이와 같은 분석결과는 단일 회사의 데이터를 분석한 것이라는 점에서 전체 업계의 특성이라고 하기는 어렵지만, 해당 데이터가 4년여의 시간에 걸쳐 축적된 데이터라는 점, 데이터를 제공한 HR컨설팅(주)이라는 회사가 업계에서 상위권 수준의 규모와 성과를 내는 기업이라는 점에서 볼 때, 미루어 의미를 부여할만하며, 눈여겨 볼만한 결과라고 할 수 있겠다.

1.8. 직급별 추가 분석(이직 횟수와 경력기간 그리고 평균 연봉)

앞서 분석했던 각 직급별로 이직 횟수와 경력기간을 알아보기 위해, 직급으로 분류한 데이터를 추가로 분석해 보았다. 분석결과, 임원은 평균 이직 횟수가 4회, 경력기간은 평균 19.24년이었다. 이어서 부장은 3.6회에 16.87년, 차장은 3.38회, 12.93년, 과장은 2.87회, 9.26년, 대리는 2.06회, 5.32년, 사원은 1.59회, 2.41년으로 대체로 이직횟수나 경력기간은 직급이 올라갈수록 그 수치가 증가하는 것으로 나타났다. 또한 직급별 연봉에서도 직급이 올라갈수록 연봉이 높아지는 것을 알 수 있다. 이를 정리한 것이 다음 〈표 15〉 이다.

<표 15> 직급에 따른 이직횟수와 경력기간 그리고 평균 연봉

직급	이직횟수(평균, 회)	경력기간(평균, 년)	평균 연봉(원)
임원	4	19.24	91,372,273
부장	3.6	16.87	69,132,940
차장	3.38	12.93	61,787,081
과장	2.87	9.26	52,275,394
대리	2.06	5.32	41,257,032
사원	1.59	2.41	30,179,060

위의 표는 각 직급별 연봉수준을 파악하는데 유용하지만, 전체 후보자들의 연봉 수준별 비중은 확인하기가 어렵다. 이를 좀 더 구체적으로 확인하기 위해서 연봉 수준에 따른 분포 비율을 분석해 보았다. 〈표 16〉에서 볼 수 있듯이 3천만 원 미만은 전체에서 8.1%, 4천만 원 미만, 17.4%, 5천만 원 미만 27.1%, 6천만 원 미만 23.0%, 7천만 원 미만 13.5%, 8천만 원 미만 6.6%, 9천만 원 미만 2.1% 9천만 원 이상은 2.2%로 전체에서 5천만 원대와 6천만 원 대의 연봉을 받는 후보자가 가장 많았고, 9천만 원 이상을 받는 후보자가 가장 적은 것으로 확인되었다.

<표 16> 연봉대 별 후보자 비율(단위, %)

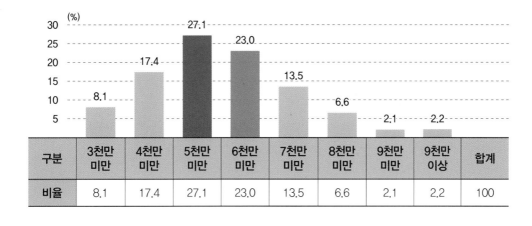

구분	3천만 미만	4천만 미만	5천만 미만	6천만 미만	7천만 미만	8천만 미만	9천만 미만	9천만 이상	합계
비율	8.1	17.4	27.1	23.0	13.5	6.6	2.1	2.2	100

1.9. 어떤 직무로 이동했나?

후보자들이 헤드헌팅을 통해 어떤 직무로 가장 많이 이동했는지 여부를 확인해 보기 위해 그들이 이동한 직무를 추적해 봤다. 분석결과, 기획, 재무·회계, 인사·총무, 기타 등의 후선업무로 이동한 비율이 34.4%로 가장 높았다. 다음은 마케팅, 광고·홍보, 국내영업, 해외영업 등을 포함한 영업이 29.4%로 높았다. 또한 S/W, H/W, 식품, 제약, 기타 등의 개발직으로 이동한 비율이 24.1%였고, 변호사, 컨설팅, 금융, 기타 등의 특수직이 6.6%, 생산, 품질 등의 엔지니어로 이동한 비율이 5.5%로 뒤를 이었다. 이를 정리한 것이 〈표 17〉이다.

〈표 17〉 직무별 이동 비율(단위, %)

후선업무		영업		개발		특수		엔지니어	
기획	7	마케팅	10.2	S/W	11.7	변호사	0.9	생산	3.9
				H/W	4.7				
재무·회계	5	광고·홍보	4.1	식품	2	컨설팅	1.5		
인사·총무	5	국내영업	10.8	제약	0.7	금융	0.9	품질	1.6
기타	15.4	해외영업	4.3	기타	5	기타	3.3		
합계	34.4	합계	29.4	합계	24.1	합계	6.6	합계	5.5

Note

2. 현직 헤드헌터들은 어떤 방식으로 업무를 처리하는가?

전체 Sucess 사례 분석 결과, 헤드헌터들의 업무처리 형태는 단독으로 처리한 경우가 72.44%, 동료들과 함께 처리한 코웍 형태가 27.56%로 코웍보다는 단독으로 업무를 처리해서 성사한 경우가 2배를 훨씬 상회하였다. 이는 헤드헌터의 업무처리 성격이 독립적임을 의미하며, 대다수 업무가 단독으로 이루어짐을 보여주는 분석결과라고 할 수 있다.

HR컨설팅(주) 경영연구소에 의하면, 서치펌 업계에서는 포지션을 단독으로 처리하기보다는 사내 코웍을 통해 처리하는 비율이 높은 것이 일반적인데 반해, HR컨설팅(주)의 경우 타 서치펌에 비해 단독으로 처리한 석세스 비율이 코웍으로 처리한 것보다 상대적으로 높게 나타났다.

　　단독 대 코웍 비율이 70% 대 30%로 대략 7대 3 정도의 비율로 나타났다. 이는 개별 헤드헌터의 평균적 역량이 우수할 때 나타나는 현상으로 HR컨설팅(주) 소속 헤드헌터들의 개인별 역량이 상대적으로 높기 때문이라고 볼 수 있다. 이에 대한 분석결과를 시각화 한 것이 아래 〈그림 19〉 이다.

〈그림 19〉 헤드헌터들의 업무처리 형태

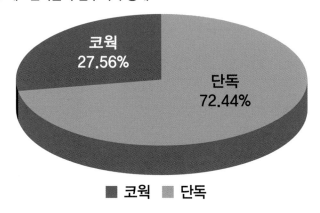

좋은생각

일을 사랑하는 것이 장수 비결이다

운동은 건강을 위한 것이고, 건강은 일을 위한 것이다.

처음에는 돈이 필요해서 일하고,

더 지나면 일이 좋아서 일하고,

나중에는 더 많은 사람의 자유와 행복을 위해서

일하게 되더라.

장수와 건강의 비결은 일을 사랑하는 것이다.

-김형석 교수-

작은 성공이야기

다음은 자기계발서의 고전인 맥스웰 몰츠 박사의 '성공의 법칙'에 나오는 이야기이다.

한 미식축구팀의 승리에 중요한 역할을 하는 주전 쿼터백이 경기 도중 예기치 못한 부상을 당했다. 갑자기 핵심 공격수가 부상으로 실려 나가자 감독은 당황하며, 어쩔 수 없이 벤치에서 대기하고 있던 후보 선수를 급히 내보냈다. 감독은 후보 선수가 부상당한 쿼터백처럼 한순간에 터치다운을 가능케 하는 수십 야드의 장거리 패스를 선보이거나, 견고한 상대 수비진을 돌파할 능력이 없다는 점을 잘 알고 있었다.

그래서 고민하던 감독은 후보 선수에게 비교적 쉬운 작전을 내렸다.

"원거리 패스는 절대하지 말고, 측면으로 던지는 짧은 스윙 패스 위주로 던져!"

원거리 패스는 보통 성공확률이 낮고, 성공시키려면 오랜 훈련과 뛰어난 기량이 필요하다. 하지만 짧은 패스는 진행 거리가 2~3야드에 불과하지만 성공 확률은 매우 높다. 감독은 실전 경험이 별로 없는 후보 선수가 주눅 들지 않고 경기에 임하려면 일단 작은 성공이라도 맛봐야 한다는 점을 잘 알고 있었다. 즉, 후보 선수가 작은 성공의 경험을 통해 경기 전체에 기여하도록 지시한 것이다.

감독의 지시는 성공적이었다. 후보 선수는 감독의 지시를 따라 짧은 패스 위주로 공을 던졌고, 팀은 본래의 기능을 수행했다. 결국, 후보 선수는 쿼터백의 공백을 무사히 메웠고 경기는 성공적으로 마무리되었다.

위의 이야기를 읽고, 다음 내용에 대해서 생각해 보자.

▶ 작은 성공의 실천 : '언젠가'를 '오늘'로 바꿔보자.

'언젠가'라며 미뤄왔던 어떤 일들을 지금 당장 하는 '오늘(지금)'으로 바꿔서 즉시 실행에 옮겨 보는 것이다.

– 전체 계획을 짜는 대신 30분 분량의 일부터 먼저 끝내고 보는 방법이다.

언젠가	→	오늘(지금)
살을 빼야지…	→	오늘 점심은 가볍게 먹어야겠다. 점심식사 후 30분 정도 걸어야겠다.
사업을 해 봐야지…	→	전문가를 만나 사업계획에 대해 상담 해야겠다. 은행에 사업자금 문의 전화를 걸어야겠다.

나의 '언젠가'를 '오늘'로 바꿔보자.

언젠가	→	오늘(지금)
	→	
	→	

출처 : HR컨설팅 부설 경영연구소 교육자료

헤드헌터의 눈

작은 성공의 경험들이 쌓여 큰 성공의 토대가 된다. 큰 성공의 출발점은 바로 작은 성공이다. 작은 성공을 쌓아가려면 어떻게 하여야 할까를 위의 글, '언젠가를 오늘로'에서 보여주고 있다.

천리길도 한걸음(step by step)부터라는 옛말의 의미를 가슴속에 새겨두고, 나의 언젠가를 오늘로 바꾸고 하루하루 실천하는 나를 만들어 가다보면 어느새 큰 성공이 이루어져 있음을 알게 될 것이다. 작은 성공이 모여 큰 성공이 된다는 당연한 진실을 잊지 말고 작은 실천을 이어가 보자.

IV

현직 헤드헌터에게
배우는
실무 사례

본 장의 사례는 HR컨설팅(주) 소속 헤드헌터들의 실무사례를 공모, 엄선한 '성공사례/실패사례/고객사 개척사례/기타 시사점'이 있는 사례로 구성하였으며, 현장감을 전달하기 위해서 최초 공모내용의 극히 일부만 각색해서 거의 그대로 제시하였다.

1. 성공사례에서 배우기

성공사례 1. 바둑도 아닌데 죽었던 돌이 살아난 케이스

2010년 6월경 OO산업㈜에서 영어가 가능한 생산기술 포지션 진행을 하였다.
마침 생산기술 JD내용에 적합한 후보자를 찾아서 OO산업㈜에 추천하였다.
후보자의 기본경력사항은 아래와 같았다.

1975년생으로 상위권 대학교를 졸업하였으며, 졸업 이후에 외국계자동
차기업에서 생산기술 업무 10년 이상 해당경력을 가지고 있었다. 또한 영
어로 업무가 가능한 수준으로 영어커뮤니케이션 능력이 우수한 후보자여
서 적임자라 판단이 되어서 합격가능성이 매우 높은 후보자였다. 마침내 서
류전형에 합격하고 1차 실무자 인터뷰를 보게 되었다. 1차 인터뷰 결과 불
합격 통보를 받게 되었다. 근데 불합격한 사유가 이해가 되지 않아서 해당
기업 인사팀장님께 이유를 물어 봤는데 불합격 이유가 좀 당혹스러웠다.
좀 황당한 이유라 인사팀장님께 다시 한 번 해당후보자의 경력과 능력의 대해서
어필하면서 엔시니어가 말 좀 더듬으면 어떻고, 사두리 좀 쓰면 어떻습니까? 일
만 잘 하면 되지요~~
그러면서, 2차 임원 인터뷰대상자에 포함시키고, 판단은 임원분들께서 하시는 걸
로 인사팀장님께 부탁을 드렸더니, 2차 인터뷰 대상자로 올리겠다고 연락이 왔
다. 결국 2차 인터뷰 결과 해당후보자가 합격이 되었던 성공사례이다.

『Headhunting One Point Tip!』

"적합한 후보자라 생각되면 한 번 더 Appeal해본다."

헤드헌터 입장에서 적합한 후보자라 생각이 되고, 불합격사유가 명확하지 않으
면 다시 한 번 후보자를 충분히 어필해 보는 것이 좋다. 또한 고객사의 인사담당
자들과 좋은 관계를 유지하는 것이 헤드헌터 입장에서 도움이 많이 된다는 것을
본 사례에서 배우는 시사점이라 하겠다.

성공사례 2. 한 줄기에서 고구마 캐듯이 몇 건이 성공된 케이스

성공사례1

대기업 계열의 증권회사로부터 외국에서 근무 중인 금융권경력의 우수한 인재를 찾아달라는 포지션 오더를 받았다.

외국에 근무 중인 우수 인재를 찾는 일이 쉽지 않은 일이어서 기대는 많이 하지 않았지만, 의뢰회사도 좋은 회사이고, 헤드헌터 경험으로도 괜찮다고 생각하여 다양한 경로로 서칭을 시작하였다.

또한, 외국계 인재들이 이용하는 잡포탈에 관련되는 내용의 채용공고도 등록하였으며, 채용공고를 등록한지 며칠 지나지 않아 정말 신기하게도 일본에서 미국계 증권회사에 재직 중인 한 후보자로부터 지원 메일을 받게 되었다.

학력, 경력, 나이 등 누가 봐도 우수한 인재라고 판단되는 후보자였다. 지원 사유를 알아보니 당시 일본의 대지진으로 부모님들이 강력하게 귀국을 종용하고 있어 부득이 국내 금융기관으로 복귀를 원하는 상황이었다.

하지만, 연봉차이가 너무 많이 나고, 일본에 있기 때문에 인터뷰 일정을 맞추기도 어려운 상황이었다. 어쨌든 이러한 상황을 자세히 설명하며 고객사에 추천을 드렸고, 고객사 인사팀도 우수 인재영입이 고과에 영향을 주기 때문에 적극적으로 진행을 하게 되었다. 인터뷰 시 비행기 표를 제공하고, 연봉도 Signing Bonus로 어느 정도는 맞추어주고, Housing 문제까지도 해결해주는 조건으로 채용되었다.

성공사례2

또 다른 성공사례는 사례1의 채용공고를 보고 다른 지원자가 메일을 보냈는데, 증권사 경력과는 맞지 않아 그 고객사에는 추천을 드리지 못하고 다른 포지션이 나오면 진행을 하자고 하였는데, 근데 얼마 후에 일반기업에서 관련경력의 포지션이 나왔는데 지원하겠다고 해서 지원하게 되었다.

다만, 워낙 연봉격차가 커서 성사되기 어렵다고 판단하였는데, 고객사에서 파격적으로 연봉을 제시하고, 후보자도 그 정도면 만족스럽다고 하여 무사히 채용되게 되었다.

『Headhunting One Point Tip!』

"헤드헌터에게 채용공고란? 업무의 시작이며, 수입의 원천이다"

헤드헌터 업무에 있어서 업무의 첫 단계인 채용공고를 올리는 것은 가장 중요한 업무 중 하나이다. 헤드헌터에게 채용공고란? 업무의 시작이며, 수입의 원천이다.

성공사례 3. 우수한 후보자로 고객사 개척을

사례 1의 OO증권회사에 입사한 후보자가 외국에 근무 중인 지인 중에 한국으로 귀국을 원한다는 분을 소개해주었다.

이분 또한 학력, 경력, 나이 등 어느 기업에서나 탐낼 분이었습니다. 후보자 역시 오랜 외국 생활에 지쳐서 연봉을 대폭 내리더라도 귀국하고 싶은 심정이어서 프로세스 진행을 부탁해 왔다.

너무 _우수한 후보자여서 몇 개 회사에 역제의를 하였으며, 한 회사에서 진행하자고 연락이 왔다._ 마침 국내에 들어올 일정에 맞춰 인터뷰를 진행하고, 연봉협의 및 입사일정까지 일사천리로 진행하여 성사되었던 성공을 통하여 좋은 후보자를 만나게 되고, 또 좋은 후보자가 또 다른 좋은 후보자를 소개해 주어 고객사도 개척 하게 된 성공사례입니다.

『Headhunting One Point Tip!』

"우수한 후보자는 누구나 탐낸다"

우수한 후보자의 주변에는 또 다른 우수한 후보자가 있다.
우수한 후보자는 어느 회사에서나 필요하고 탐내기 마련이다.
한 명의 후보자가 평생거래 할 솟은 고객사도 만늘어수니 이 어찌 감사하지 않으리요.

Note

성공사례 4. 나이가 문제 되나요?

정년퇴직이 가까운 최고령 후보자를 채용 성공시킨 사례

– 61년생 (59세) / 男
– ○○바이오

– 나이는 많았지만, 직무 적합성, 포지션의 정확한 이해로 HR컨설팅 입사 이래 최고 고령자를 채용시키는데 성공. (임원 아님)

– 물론 본인의 만족도도 상당히 높았던 사례이다.

직무적합성은 높았으나 너무 나이가 많은 것이 문제되었다.
일단, 후보자의 역량을 정확히 파악하고, 인사담당자와 지속적인 커뮤니케이션을 통해 '왜 이 후보자가 고객사에 필요한지'에 대해 설득하여 성공한 케이스이다.

결론 : * 후보자소통
      * 인사 담당자 신뢰 쌓기
      * 후보자 직무 & 정보 정확한 파악

『Headhunting One Point Tip!』

"후보자의 핸디캡을 극복해 주는 유능한 헤드헌터가 되자"

– 후보자와 대화(소통)로 후보자의 직무 적합성, 장점, 개발필요점 등이 무엇인지 정확히 파악할 수 있었다.
– 고객사의 인사 담당자와 지속적인 소통으로 왜 이 후보자가 고객사에 필요한지에 대해 설득하였다.
– 왜? 면접을 보는 것이 좋은지? 그리고 연봉의 유연성, 조직 적응능력, 연륜에서 나오는 경험을 충분히 강조할 수 있음.(인사 담당자와의 신뢰)
– 결국 후보자와의 소통을 통한 JD와 얼마나 직무 내용이 적합한지 검증하는 것이 무엇보다도 중요한 요소이다.

OOO Korea의 고객사로부터 인사담당자 채용 포지션을 의뢰받았다. 인사부의 특성상 출신학교와 재직사, 그리고 고객사가 요구하는 영어 Skill을 중심으로 컨택하여 제안을 하였는데 한 분이 지원의사를 밝히고 이력서를 보내주었다.

(고려대/영어 TOEIC940) 서류 심사를 통과하고 인적성과 1차 면접을 통과하였다. 그런데 이 후보자는 예상과는 달리 면접에 임하는 태도가 그리 적극적이지는 못하였다. (아마 개인적인 사유가 있으신 듯) 다음 진행이 영어 면접이었는데 (native speaker)다소 걱정이 되었다.

왜냐하면 외국인들은 어떤 대화를 하더라도 다소 긍정적이고 사교적인 분들을 좋아하는 성향이 있고 대화 자체도 그런 류의 사교적인 대화를 좋아하는 성향이 있기 때문에, 그래서 후보자에게 연락하여 영어 면접을 좀 연습하자고 제안을 드렸는데 토요일 약속을 어기고 일요일 약속까지 그냥 본인이 준비하시겠다고 연습을 지양하는 것이다. 그래서 그냥 최후의 수단으로 후보자를 직접 인터뷰에 대한 예상 질문에 대해 script를 작성하여 메일로 전달해주었다. 그 부분을 중심으로 혹시 추가되는 부분 등이 있으면 그 부분만 추가하는 것으로 설명하였다.

인터뷰를 마치고 이 분이 너무나 환한 목소리로 인터뷰를 잘 마쳤다고 연락이 왔고 많은 도움이 되었다는 말과 함께 그때부터 후보자의 태노가 매우 적극적으로 변하였고, 마침내 최종 면접까지 무사히 마치고 합격의 소식을 듣게 되었다. 헤드헌터입장에서는 조금의 lead를 한 것뿐인데 후보자는 모든 게 저의 덕택이라며, 감사하다고 말해주었다. 나 역시 기뻤고 보람을 느낀 사례였다.

『Headhunting One Point Tip!』

"인터뷰에 대한 사전 준비를 철저히 하면
합격 성공 확률이 높아진다"

후보자가 인터뷰 시에 헤드헌터는 해당기업의 인터뷰정보를 최대한 많이 제공하고, 사전 주의할 점, 예상 질문 등을 정리해서 후보자를 사전에 교육을 시킨다면 합격 성공 확률이 높아진다는 것을 명심하자.

성공사례 6. 결과에 순응(?)하지 말고, 무엇이 문제인지 파악한다.

S사에 후보자를 재무회계팀장으로 추천을 하였다. 추천 이후 해당 후보자를 서류 검토 후 인터뷰를 마쳤으나, 해당후보자가 딱히 와 닿지 않는다고 하면서 인사팀장이 잠시 홀딩을 시키고, 다른 후보자를 더 찾아봐 달라고 하면서 추가 후보자들 인터뷰를 보고 나서 최종결정 하겠다고 하였다.

그런 내용을 후보자에게 전달하면서 좀 더 기다려 달라고 하였더니, 후보자가 면접 당시 어필을 못한 부분이 있어 아쉬웠는지 적극적으로 자신을 어필할 내용을 보내왔고, 그런 내용과 함께 헤드헌터로서 자신이 추천한 후보자에 대해 면접 시 본인을 어필 못한 부분에 대해 고민하다가 월요일 아침이라 통화보다는 글로 남기고자 인사팀장한테 이메일을 보냈더니 그 내용이 통했는지 인사팀장이 해당 부서 임원과 함께 아침부터 회의를 하게 되었으며, 회의 후 진행이 갑자기 당일 오후에 최종합격으로 통보 받았던 합격 성공사례입니다.

『Headhunting One Point Tip!』

"헤드헌터는 후보자가 합격할 때까지 최선을 다해서 노력하자."

본 사례에서 배울 수 있는 시사점으로는 헤드헌터가 추천한 후보자에 대해서 탈락 또는 보류 통보가 왔을 때 헤드헌터 입장에서 무조건 회사에 결과를 받아들이기보다는 적합한 후보자라 판단이 되면, 최대한 어필할 부분을 충분히 어필해 보고 포기를 해도 늦지 않는다.

Note

성공사례 7. 출근일정 혼선에도 잘 조율하여 성공한 케이스

※ H사에서 빅데이타 플랫폼 개발자 채용의뢰가 와서 후보자를 찾아서 최종합격
을 시킨 사례이다. 하지만 후보자 합격 이후에 회사, 헤드헌터, 후보자등의 커뮤
니케이션 착오로 인해서 출근일정을 서로가 다르게 이해하게 되어 혼선이 있었
던 사례이다.

사례에서 살펴볼 내용은 아래와 같다.

– 최종 합격 후 입사일 착오로 인한 혼란발생(11/1일 출근을 10/1 출근으로 착
 오발생)
– 후보자가 9/25일 면접 시 출근일을 합격 후 한 달 뒤라고 이야기하였으나,
 11/1일을 10/1 일로 면접관이 착각하여 이야기했고, 후보자도 순간적으로 혼
 돈하여 일자에 동의
– 면접관이 인사팀장에게 10/1 출근이라고 착각하여 전달
– 인사팀장은 출근일이 10/1 일자라고 헤드헌터 본인에게 전달
– 헤드헌터가 후보자에게 전화로 합격통지 안내 및 10/1출근 안내하였으나, 후
 보자가 날짜를 확인하지 않고 접수
– 고객사 인사팀이 후보자에게 합격축하 및 입사안내를 위한 연락처 전달과정
 에서 본인이 후보자 이메일 주소를 실수함(xxx@naver.com → xxx@navr.com)
– 회사의 인사팀장은 9/27에 합격축하 및 입사안내 메일을 발송하였으나, 위 사
 유로 후보에게 전달되지 않았음
– 위 상황에서 출근전날 9/30일 헤드헌터가 후보자에게 출근안내를 하다 입사
 일 오류 파악
– 인사담당자가 이후에 면접관에게 확인, 이메일 주소 오류도 뒤늦게 확인
 (10/24)
– 후보자를 안심 시키고, 고객에 대한 신뢰를 계속 심어 줌
– 고객사에 후보자 입사확인서를 받아 제출하고, 후보자에 대한 신뢰를 계속 어
 필함

『Headhunting One Point Tip!』

"합격한 후에도 출근 전까지는
꼼꼼하고 세밀하게 후보자를 챙기자."

– 합격후에도 관리 및 처리할 업무는 꼼꼼하게…
– 후보자의 출근일까지 관리 및 확인 필요…
– [盡人事待天命], 되는 건 되고, 안 되는 건 안 된다. (마음이라도 편하게)

성공사례 8. 오래된 포지션도 포기하지 마라.

– OOF&B㈜ OO식품 R&D

– 포지션 오픈 2016년 / 포지션 클로징 2018. 6월

– 상기포지션은 OO푸드라는 워낙 제한적인 카테고리에 업계가 좁기 때문에 인력이 없는 포지션으로 1년 9개월간 진행하면서 포기하지 않고 지속적인 서칭으로 클로징 한 케이스로 서칭 기간은 길었으나, 찾는 데는 20분도 안되었고 1주일 만에 진행되어 석세스를 할 수 있었음.

– 이 포지션 진행으로 고객사의 거래 헤드헌터 업체가 무려 14개까지 늘었지만…
– 대부분의 헤드헌터 업체가 중도 포기한 것으로 알고 있으며, 당사와의 관계력이 좋아진 케이스임.

『Headhunting One Point Tip!』

"끝날 때까지 끝난 것이 아니다."

1. 어떤 포지션이라도 쉬운 포지션은 없다.
2. 서칭은 한, 두 번 찾고 마는 게 아니다. 클로징 될 때까지 지속적, 반복적으로 찾아야 한다.
3. 모두가 포기하더라도 끝까지 포기하지 않고 찾는게 메인 헤드헌터가 고객사와의 결속력을 다지는 일이다.
4. 석세스 인력을 찾는 것은 1분이 걸리든 몇 개월이 걸리든 단순한 운이 아니며, 노력의 결과이다(그냥 후보자가 발견되는 것은 절대 아니다.)
5. 어렵고 힘든 포지션일수록 더 집중하고 클로징 할 수 있도록 하라.(그래야 고객사도 알아준다.)
6. 고객사 관계 유지는 어려운 포지션을 해결해 주는 게 최선이다.

Note

1. 채용 회사 / 부서 / 직급 : OO기업 / RA팀장 / 차장

2. 채용 과정 :

1) 최초 채용 포지션 및 조건
   – RA업무 경력자 사원~과장 초급, 연봉 Max. 5,000만원선, 1명 채용예상

2) Open 이후 해당 포지션 조건 변경

Searching시 고객사 내부 동향 지속 확인 결과, 해당 팀장이 퇴사하여 사원~
과장급도 필요하지만 당장 해당 팀장의 자리가 공석이 되어, 연봉이 높더라도
팀장급의 인원을 추천해 주어도 된다는 고객사 내부 임원의 정보로 해당 인사팀
과 협의하여 연봉이 높은 팀장급을 이후 추천

3) 추천 인원 2명 중 1명 팀장급으로 채용 결정

4) 최종 합격 후 입사완료

『Headhunting One Point Tip!』

"내부정보를 많이 얻고, 인적네트워크를 최대한 활용하라."

1. 고객사로부터 채용 포지션을 받았을 때 고객사가 불편하지 않을 때까지 조심
   스럽게, 지속 탐색하여 고객사의 의중 및 포지션의 영역 / 직급 등을 확대하여
   추천하기 유리한 방향으로 이끌어 간다.
2. 고객사 내부 사정을 잘 아는 지인이나, 내부 인원을 최대한 활용하여 채용사
   내부 사정을 지속 파악한다.

Note

성공사례 10. 1 + 1 성공 사례

본 사례는 식품유통기업의 성공사례를 소개하고자 한다.

고객사 :   OO기업

포지션 :   UX디자이너 대리 ～ 과장급 1명

최종 합격자 :   2명

내용 :
- 식품유통기업 UX디자이너 채용 건으로 식품 커리어가 있기를 원함
- 후보자들 중에서 식품 쪽 포트폴리오 위주로 컨택 추천함
- 총 1차 5명, 2차 4명 추천
- 1명 채용예정이었으나 후보자들 디자인 수준이 높아 1명 더 채용

과정 :
- 디자이너들 선택 후 포트폴리오 업그레이드 컨설팅을 통해 포트폴리오 레벨UP
- 식품 쪽 유통 UX 디자인으로 고객사 사이트 리뉴얼을 부탁해서 홈페이지 디자인을 추가해서 포트폴리오 구성
- 전체적으로 식품 비주얼 디자인을 전면과 앞쪽에 레이아웃 변경
- 디자인 인터뷰 코칭을 통해 후보자 평가를 높게 받아 성공한 케이스임

『Headhunting One Point Tip!』

**"헤드헌터의 전문성을 바탕으로
후보자에게 맞춤컨설팅을 해줘라."**

본 사례에서는 헤드헌터 개인의 실무경력 및 업무 역량을 살려서 맞춤 컨설팅을 해주는 것이 후보자 합격에 도움이 된 경우임.

성공사례 11. 커뮤니케이션 미스 매칭을 해결하여 성공한 케이스

본 사례는 OO회사 디자인 매니져 채용 성공사례를 소개하고자 한다.

OO회사 디자인 매니져 채용 프로세스를 진행 중, 팀장과 경영진 면접 후 추가 검증을 위해 포트폴리오를 작성 제출하라 했는데, 갑자기 후보자가 업무가 맞지 않아 지원을 안한다고 저한테 연락을 해왔습니다.

분명, jd와 맞고 면접에서도 적임자라 했는데 이해가 안되어 이유를 물어보니, 면접 후 팀장과 후보자와 커뮤니케이션이 있었는데 여기에 문제가 있었던 것 같습니다. 팀장은 세부 디자인 자료를 내라했는데, 이 '세부'라는 단어가 문제가 되었지요.

후보자는 디자인 단계에서 세부 디자인은 협력업체에서 하고 본인은 가이드 디자인만하는데 이런 거라면 지원 안 하겠다고 한 거였습니다.

후보자가 면접 내용과 실 업무가 다르다고 지원 안한다고 하고 저한테만 이야기하고 팀장한테는 이야기 안하고 그래서 팀장은 오해해서 드롭처리 한다 했지요. 그리고 나서 팀장한테 전화 걸어 의도한 바와 상세 업무 진행 과정을 설명을 들었고 업무 역할에 대해 다시 정리했지요.

후보자 만나서 이야기 다시하면서 역할에 대해 다시 설명, 오해를 풀어주었고, 그렇다면 다시 지원하겠다 하여 포트폴리오를 만들어 제출했지요. 동일한 단어인데도 서로가 이해하는 바가 다르면 오해를 살 수 있는 것 같습니다. 제가 업무프로세스를 파고들어 문제점을 알아내고 그들의 언어를 이해해서 상호 이해시킴으로써 성공했던 사례입니다.

『Headhunting One Point Tip!』

"헤드헌터는 소개자가 아니라 중재자이다."

– 같은 단어라도 서로 생각하는 바와 의미가 다르면 오해가 생길 수 있다.

– 중요한 것은 본질과 상대 언어를 이해하는 것이 중요한 것 같다.

– 헤드헌터는 소개자 역할뿐 아니라 이슈를 해결하고 중재자 역할도 해야 한다.

Note

성공사례 13. 좋은 평판으로 전 사업본부의 포지션을 진행하게 된 케이스

고객사 : ○○화학 ○○사업본부

포지션 : 본부장 전문 비서(계약직)

일시 : 2019년 9월 초

내용 :
- ○○화학은 2018년 초부터 본격적으로 채용 추천을 해 온 고객사임.
- 나중에 알게 된 사실이지만 동사는 각 사업본부 별로 서치펌을 별도로 사용해 옴.
- 18년말까지는 일부 사업본부만 포지션만 추천을 진행하다가 2018년 말 인사담당자의 소개로 타사업본부 포지션도 진행하게 되었고, 2019년 상반기에는 인사담당의 소개로 전체 사업본부의 일을 맡게됨.

2019년 9월초 ○○ 사업본부에서 급히 해당 사업본부장의 대졸 전문 비서의 채용이 시급하여 거래 사업본부 인사담당자에게 비서직 포지션의 경험이 많은 헤드헌터를 소개하여 달라고 하였고, 이에 본인을 소개하여 주었다.

단 하루의 추천 시간을 주어 포기하고자 하였으나 날밤을 세워, 총 18명의 후보자를 추천하였고(타 헤드헌터 추천치 못함), 3명이 면접을 보았고 최종적으로 한 명이 9월 말경 입사함. 이로 인하여 ○○ 사업본부의 일을 본격적으로 할 수 있게 되었고, ○○사업본부 소개로 타 사업본부의 인사팀장을 만나 해당 본부의 일도 할 수 있게 되었으며, 마침내, 채 2년이 되지 않아 결국 ○○화학 전체의 일을 할 수 있는 국내 유일의 헤드헌터가 된 점에 대해서 상당한 프라이드를 갖고 있다.

"내 칭찬은 내가 아닌 남이 해준다."

『Headhunting One Point Tip!』

"헤드헌터들에게는 하루라는 시간은 절대 짧은 시간이 아니다."

- 나의 장점과 노력은 남이 인정해 준다. 꾸준히 최선을 다한다면, 나의 장점과 노력과 신의 성실을 인정해 준 누군가가 다른 고객사를 소개하여 준다.
- 후보자에 대한 성실한 대응도 나의 고객사 개척에 커다란 도움을 준다. 단, 진정성 있는 모습을 보일 때만이 그것이 가능하다고 생각한다.
- 후보자의 서칭을 위한 시간은 단 하루면 충분할 수 있다는 점을 느꼈다.

성공사례 14. 지성이면 감천이다

회사명 : ㈜OO개발, 업종 : 반도체 유통 및 센서 모듈 개발
포지션 : FSE(Field Sales Engineer) - Touch Sensor
자격요건 : TSP or LCD 엔지니어 경력 3년 이상(필수)
　　　　　 중국어 원어민수준 또는 유창(필수)
　　　　　 OO전자 영업 경력자 우대
주요업무 : OO전자, OO디스플레이 연구소 기술지원
　　　　　 중국본사와의 커뮤니케이션

※ 최종합격까지의 이슈 및 과정 정리

터치센서 엔지니어 경험 또는 FAE 경험이 있는 후보자들은 많이 있으나 중국어가 가능한 후보자는 10명정도 서칭하였습니다. 그중 3명은 중국국적의 후보자였고, 7명은 한국국적이었습니다.

모든 후보자를 컨택하여 경험 및 중국어 구사능력에 대한 검증을 하며, 지원의사를 문의하였으나 고객사가 중소기업이고 알려지지 않은 회사이다 보니 지원의사 있는 후보자가 없었습니다.

지원의사가 없다고 회신이 온 후보자와 회신이 없던 후보자 중에 가장 적합해 보이는 3명의 후보자를 약 4~5주간 지속적으로 연락하며 설득 시작하였고, 1명이 후보자는 더 이상 연락하지 말라고 문자로 연락을 받게 되었습니다.

남은 두 명의 후보자 중에 한명은 연봉을 현재 연봉보다 30% 인상을 요구하여, 제외하고, 남은 한명의 후보자를 지속적으로 설득하여서 면접을 보고, 4주 만에 입사결정이 되었습니다.

입사결정이 된 후 5주간의 장기해외 출장 후에 입사를 하기로 되어서 불안한 마음에 일주일에 2~3번씩 문자를 보내며 마음이 흔들리지 않게 하였고, 현재까지는 별탈 없이 재직 중에 있습니다.

『Headhunting One Point Tip!』

"후보자 컨택시 거절을 하는 후보자를 쉽게 포기하지 말자"

본 사례에서는 헤드헌터는 우수한 후보자를 발굴하여, 컨택한 후보자가 지원의사가 없다고 표현 할지라도 쉽게 포기하지 말고, 지속적으로 회사비전과 포지션에 대한 장점, 경력관리 등에 대해서 커뮤니케이션 하면서 설득하는 것이 중요하다.

2. 실패사례에서 배우기

실패사례1. 사표까지 냈는데 Drop이라니…

본 사례는 중견기업의 인사팀장 포지션 실패 사례를 소개하고자 한다.

고객사로부터 인사팀장 포지션을 의뢰받고 서칭하여 이직도 없고, 대기업에 재직 중인 후보자를 섭외하여 추천하였더니 적합하다고 판단하여 바로 진행되고 연봉협의, 입사일까지 결정되었다. 입사확정 이후 후보자로부터는 입사확약서, 고객사로부터는 채용확약서도 받았다. 따라서 후보자는 회사에 사표를 제출하고 입사를 기다리고 있는 중이었다.

그런 와중에 고객사 대표님이 그룹 회장님한테 보고 드리는 과정에 후보자 재직 회사의 그룹 문화가 채용하고자 하는 고객사의 그룹문화와 맞지 않는다고 채용을 하지 말 것을 지시하였다. 해당 담당자로써 다소 황당하고 당혹스러웠지만, 결국, 채용은 취소되었고, 이로 인해 고객사와 후보자 간 분쟁이 발생하였다.

결과적으로, 민원이 제기되어 후보자는 소정의 보상금을 받고 마무리 되었지만, 가장 실패한 헤드헌팅 사례로 기억된다.

(물론 후보자는 역량있는 분이어서 바로 다른 회사에 취업하였다.)

『Headhunting One Point Tip』

"장갑 벗을 때까지 끝난게 아니다."

본 사례에서는 합격하였더라도 언제든지 돌발 변수가 일어날 수 있음을 항상 명심하고 후보자가 출근할 때까지는 항상 신경 써서 집중 케어 할 필요가 있음을 기억하자.

실패사례2. 입사후 후보자 잠적사례

본 사례는 중견기업의 인사담당 포지션 실패사례를 소개하고자 한다.

> 회사명 : OO기업, 연강선재 전문 업체
> 후보자 : 91년 생 / 男
> 인사(급여담당)

7월 입사 후 약 15일 근무하고 고향에 다녀온다고 하고 금요일 퇴근하여, 다음 주 월요일 출근을 하지 않아, 인사 담당자, 인사팀장 등 전화 오고 상황설명 후 혹시 연락 없었는지 문의

이후 개인적인 연락, 문자 보냈으나 전혀 회신 없음 (일명 잠수)

이 후보자로 인해서 포지션관련 본사미팅을 통하여 25개의 포지션(마케팅, 재무, 회계, 기술영업, 임원, 인사) 등등 공유하기로 한 포지션 상태였으나, 모든 포지션 이 Drop됨.

결국에는 한 후보자의 잘못된 행동으로 인해서 해당기업과 거래관계가 단절된 실패 사례임.

『Headhunting One Point Tip』

"열길 물속은 알아도 한길 사람의 마음은 알 수가 없다."

후보자의 경력과 스펙등도 중요한 요소이지만, 인성과 마인드 등도 중요한 요소 이니, 고객사에 후보자를 추천할 때 이러한 내용을 잘 판단해서 추천하는 것이 중요하다.

[생각해볼 문제]

– 왜? 잠수 했을까? 우선 인성적인 문제도 있었겠지만~

– 경력에 비하여 이직이 많고 (4년 3회 이직), 왜? 이직 했는지? 이직사유는?

– 과연 경력대비 업무수행이 가능한 지 여부 파악 등.

실패사례3. 신규 사업 포지션의 명암

※ 신사업부서 설립을 위한 경력직 채용 건 (2019년1월10일 오픈)

1. 신규사업부서 설립 예정으로서,
마케팅, 영업, R&D 경력직, 사원~부장급까지 다양한 직급으로 추천 요청 받음.
당시 거래중인 7개 서치펌 중 우리회사를 포함하여 3군데의 서치펌에게만 의뢰
한 상황

2. 대략 20~30명을 채용할 것으로 들었기에,
　마케팅, 영업, R&D 경력자 수십 명을 컨택하여, 총24명을 추천!
　⇨ 8명 1차 면접, 4명 2차 면접 진행 후 지연되다가,
　⇨ 3월26일경, 신규사업 부서 설립에서 신사업팀으로 조직규모 대폭 축소 결
　　 정. 최종적으로, 겨우 1명 채용으로 그침

『Headhunting One Point Tip』

"모든 달걀을 한바구니에 담지 마라."

본 사례에서는 배울 수 있는 것은 신규 사업을 추진하기 위해
사업부를 신설하려는 계획은 축소될 확률이 대단히 높다.
대량 채용을 생각하여 그 프로젝트에 올인 하기보다는
다른 포지션의 진행과 적당한 포트폴리오를 구성하여 진행하는 것이 현명하다.

Note

본 사례는 고객사에서 CFO채용 포지션 진행 후 합격하였지만,
고객사와 후보자간의 연봉협상이 결렬되어 실패한 사례입니다.

– 포지션 : CFO (Chief Finance Officer)

– 연봉협상 단계

1) 최종합격하고 이력서에 기재된 희망연봉으로 회사가 1차 offer
2) 후보자 본인이 이력서에 본인이 기재한 희망연봉에서 500만원 상향 요청
3) 회사가 다시 500만원 높은 금액으로 2차 offer letter 전달
4) 후보자 다시 500만원 높은 금액 요청
5) 후보자 설득하였지만 실패
6) 고민 끝에 회사에 이 내용 전달
7) 회사는 당연히 합격 취소
8) 3개월 뒤에, 후보자가 다시 그 회사에 처음 제안 준 연봉으로 진행하면 안 되는지 연락 옴 (기차는 떠나고 차는 끊겼네…)

『Headhunting One Point Tip』

"Plan-Do-See."

본 사례에서는 배우는 시사점은 추천하기 전 부터 후보자 관리를 철저히 하자.

– 과연 후보자를 어디까지 care 해야 하는지?
– Broken Case를 미연에 방지할 수 있는 방법은 없는가?
– 실패 확률을 줄이고, 주도권을 헤드헌터가 갖고 가기 위해서는, '확인'하고 또 '확인'하는 것이 중요.

실패사례5. 후보자의 마음은 갈대와 같나?

본 사례는 후보자가 최종합격 이후 입사를 포기한 사례입니다.

1. 채용 회사 / 부서 / 직급 : ○○기업 / 생산기술 / 대리

2. 채용 과정 :
   1) 채용 포지션 및 조건
   – 생산기술, 개발/설계 등 FPCB 제조 관련 경력자 사원말 ~ 과장급 채용
   2) 추천 과정
      – 추천 결과, 생산기술 분야 1명 서류 및 면접 합격– 최종 합격
        (후보자 : 서울 중상위권 대학_성대 석사 출신)
      – 후보자 현 연봉 대비 15% 이상 상승 조건 협의 요청
      – 고객사와 거의 한 달에 걸쳐 협의하여 연봉 15% 상승 조건 수용
      – 입사 예정일 3일 전 입사 불가하다고 후보자 연락 옴
        "입사 불가에 대한 사유는 "업계의 어려움과 베트남 공장 이전에 대한 소
        문으로 입사가 힘들 것 같다."
      – 이에 대해 "공장 이전이 아니라, 고객사 (LG, 삼성 등)들이 베트남에 공장
        이 전으로, 국내 공장은 그대로 두고, 베트남에 공장 확장이다."라고 설득
        하였지만, 또 다른 조건 (업계 어려움, 직급 상승 등)을 지속 요구
      – 결국, 입사 예정일에 입사하지 않았으며, 결론적으로 후보자가 입사하려
        는 의사가 실제 없었던 것으로 예측됨

『Headhunting One Point Tip』

"서두르지 말고 현상(후보자 성향 등)을 꼼꼼히, 잘 파악하자."

본 사례에서는 배우는 시사점은…

1. 고객사와 밀접한 관계가 있어, 어떻게든 Success를 위해 많은 인원을 추천
   하여 합격 후보자에 대한 의중을 초기부터 잘 파악하지 못하고, 욕심이 앞서
   High Spec. 인원을 추천하였던 것이 실패의 요인.

2. 당장의 Success도 중요하지만, 1) 후보자가 정말로 해당 채용 회사에 입사하
   고자하는 의사가 있느냐, 2) 해당 JD 대비 지나친 High Spec. 후보자 지원 시
   의중을 잘 파악하여 진심으로 지원하고자 하는지 파악이 필수.

본 사례는 후보자가 입사 이후에 무리한 조건 변경 등의 요청으로 A/S가 발생한 실패 사례입니다.

OO푸드㈜ HMR팀장

– 포지션 오픈 2018년 5월 / 클로징 2018년 8월

– 상기포지션은 HMR이 화두일 때 진행되었던 포지션으로 역시 인력이 잘 없는 포지션으로 마침 관련 적임자가 있어 컨택했으나, 후보자가 처음부터 연봉 등 조건에 관심이 우선이었던 케이스로 가족 등이 개입하여 진행이 어려웠던 케이스 임.

– 스펙이 좋았던 후보는 마침 퇴사중이어서 동 포지션에 관심이 있어 사전에 연봉 등 협의하고 진행하여 석세스를 할 수 있었으나… 입사 후 지속적인 연봉 인상 및 업무관련 클레임을 걸어 회사 내부에서 부정적인 시각이 많지만, 사측의 배려로 연봉 등, 업무 JD를 본인에 맞게 조정까지 해 줌.

처음에는 회사가 문제려니 했으나, 정황을 알고 보니 후보자의 성향 자체가 문제임을 알게 됨. 결국 3개월 조금 지나고 퇴사를 하게 되어 A/S기간이 지남에도 불구 환불해 주려고 하였으나, 회사가 대체 인력을 요청하여 타 후보자가 채용됨으로써 마무리된 사례임

『Headhunting One Point Tip』

"세세한 조건에 연연한 후보자는 끝까지 어렵게 만든다."

– 스펙이 좋다고 해서 거래처와의 연봉 등이 다소 맞지 않음에도 회사가 면접 본다고 하여 무조건 진행할 경우에는 필히 과정을 되돌아 보는 것이 중요
– 애초에 본인이 희망했던 연봉(비록 충분한 상향조정해서 입사했더라도)보다 낮은 경우 입사 후 문제가 발생할 요지가 있다는 것을 고려하여야 함
– 후보자 추천 시는 필히 본인 기준이 아닌 회사와 후보자 기준으로 냉정한 시각으로 볼 필요가 있음
– 처음부터 삐걱거리는 후보자는 과정 진행할 때마다 이슈를 부른다… 입사 후에도 문제가 될 수 있음.

실패사례7. 최고의 인재보다는 최적의 인재가 좋아요.

본 사례는 후보자의 희망연봉과 고객사의 연봉수준 차이로 인해서 연봉협상 실패사례입니다.

회사명: SI중견기업

고객사로부터 SI관련 포지션의뢰를 받아서 회사 역량과 실적을 기준으로 인재 서칭을 조금 폭넓은 연봉의 인재를 추천하여서 최종 합격되었다. 하지만 사내 연봉 범주에 많이 벗어나는 높은 연봉을 받고 있는 후보자였다. 사실 유사 경력을 가진 다른 후보자에 비해 오히려 능력 대비 합리적인 연봉의 후보자였지만, 그 또한 고객사에서는 조금 무겁다고 판단되는 연봉이었다.

이에 인사팀 외에도 고객사 재무팀장과 직접 협의하여 합격한 후보자의 희망연봉이 터무니 없는 연봉이 아니며 reasonable 하다는 점을 여러 차례 충분히 어필하였지만, 최종적으로 해당 후보자의 경력과 유사한 후보자의 평균 연봉이 훨씬 웃돌고 있다는 점을 여러 방법을 통해 확인하였음에도 결국 사측에서는 사내 급여기준을 변경하면서 사업을 전개할 수는 없다는 의지를 최종 확인하였고, 약 2주간 후보자가 부푼 꿈을 꾸며 대기하였으나 고배를 마시고 말았습니다.

초기에 연봉 상한선이 없다는 인사팀(대리)의 의견만 믿고 진행했다가 실패한 사례였습니다. 이에 차후에는 추천 의뢰 포지션에 대한 연봉 상한선 확인 및 기준이 없다면 기존 급여기준에 대한 내용을 필히 참고하여 진행해야겠다는 좋은 교훈을 주었습니다.

『Headhunting One Point Tip』

"고객사와 후보자의 격이 맞아야 좋은 Deal이다."

– 고객사는 최고의 인재를, 후보자는 최고의 조건을 희망한다.
– 그러나 고객사의 형편에 맞는 후보자를 선택하여야 하고, 후보자도 자신의 처지를 살펴 눈높이를 낮추어야 한다.
– 서로간의 눈높이가 너무 차이가 나는 경우에는 결국 실패하고 마는 경우가 대부분이다.
– 격에 맞는 Deal이어야 성공확률이 높다.

실패사례8. 핑계없는 무덤 있나? 안되는 이유도 가지가지…

가) 그놈의 정 때문에…

- OO년 1월 A사 해외영업 팀장(부장급) 포지션 오픈, 평소 지인 통해 관리하던 동종업종인 B사의 K부장을 컨택
- 초기에 이직에 대해 주저하는 점이 약간 있었으나, 이직을 결심해서 1월 중순에 추천 진행, 2월 초에 임원 면접 진행
- 3월 초에 대표면접 진행 합격, 바로 오퍼 제시했는데 오퍼 받고 흔들리기 시작함.
- 18년 장기근속자여서, 회사 임원과 가족들의 설득으로 3월 중순에 포기의사 밝힘.
- 그 후 1년 뒤 B사 화학 사업부 부진으로 다시 재진행할 수 없는지 문의 왔으나 회사는 이미 당시에 채용한 상황이었음.

나) 그 때의 독불장군, 부딪치는 미래

- 이 케이스는 평판조회 과정에서 일어난 경우이다.
- 요즘 회사는 대체로 채용과 관련한 평판조회를 헤드헌터를 통하여 진행하지만, 내부 경로를 통해 가능할 경우에는 따로 조회를 한다.
- OO년 2월에 S사에서 미국변호사 포지션이 오픈, 채용공고를 통해서 지원을 한 후보자 K변호사.
- 서류 받고 추천서 포함 2월 중순에 추천, 2월 하순에 면접 진행하여 합격
- 평판조회 의뢰 받고 평판 진행했는데, 그룹 내 자체 Reference Check에서 전 직장 근무 시 독불장군식의 업무하다 퇴직한 내용이 나와 Drop 됨.

다) 숨기고 싶은 상처, 그게 선의일지라도…

- 요즘 후보자들에게 이력서를 받다 보면 생각없이 또는 선의(?)를 가지고, 짧게 재직했던 이력이나, 숨기고 싶은 회사를 지우거나, 아니면 다른 기업에 합쳐서 경력을 기재하여 보내오는 경우가 있음.
- 최근 들어 대기업들은 후보자들의 신뢰성 파악을 위해, 각종 장치(경력증명, 국민연금가입증명 등)로 이를 검증하고 있는데, 여기에 해당되어 실패한 케이스임.
- OO년 7월 S사 기구해석 포지션에 후보자 K과장 컨택 지원
- 7월 하순 기술 및 임원면접, 적성검사 후 최종합격. 검진 및 평판조회 패스하고
- 8월 잡오퍼 받음. 10/1 입사 위해 서류 징구.

- 9월 중순경 후보자에게 연락 옴. 경력증명 발급 어려움
- 알고 보니 현재 재직 중인 회사 근무기간 중 8개월 정도 퇴직하여 다른 기업에 갔다가 잘 안되어서 재입사해서 현재에 이르렀던 경우. 결국 입사 포기.
- 본인은 별문제 있을까 해서 누락했으나…
- 그 짧은 경력을 원래 이력에 넣었어도 합격할 수 있었던 경우라 아쉬움이 많음.

『Headhunting One Point Tip』

"곳곳이 지뢰다. 잘 헤쳐나가야 성공한다."

- 사례1은 재직회사의 퇴사 만류에 주저앉은 경우이고,
- 사례2는 Reference Check에 걸린 케이스이며,
- 사례3은 이력기재의 실수로 실패한 사례이다.
- 썩세스를 향해 가는데 많은 지뢰밭이 존재한다.
- 진행 과정마다 실수가 없도록 철저히 관리해야만 Success라는 달콤한 열매를 얻는다.

Note

3. 고객사 개척 성공사례

고객사 개척 사례 1. 좋은 부메랑도 있어요…

OO식품기업 고객사 개척사례

(P사) 인사담당 채용 시에 추천한 후보자 인터뷰가 잡혀서 진행하던 중에 인터뷰 당일후보자의 와이프가 갑자기 병원에 입원하는 상황이 발생되어 인터뷰 참석불가를 통보해왔다. 그러나 헤드헌터 입장에서는 무슨 일이 있어도 후보자를 인터뷰 참석시키기 위해 여러 방법으로 설득하던 중에 와이프가 병원에 있는 관계로 아이가 어려서 아이를 케어 해야 한다고 후보자에게 연락이 받았다.

그러면 네가 인터뷰를 볼 시간 동안에 인터뷰장소 근처에서 아이를 대신 돌봐 주겠다고 하였더니, 후보자가 살짝 당황하는 모습을 보이면서 그건 아닌 것 같다고 하여 결국에는 후보자가 인터뷰 참석을 못하게 되었다.

그런데 그 이후 몇 달이 지나고 (P사) 지원했던 그 후보자에게서 어느 날 주말에 연락이 왔다. 전화한 이유는 (P사)지원 당시에 너무 미안하고 감동을 받아서 본인이 지금 OO식품기업에 인사담당으로 이직을 하였는데, 신규 채용포지션이 있어서 채용의뢰를 하고자 연락을 했다고 하면서 채용포지션 의뢰 요청으로 포지션 여러 개를 오픈하면서 인연이 되었고, 현재 해당기업에 본인의 메인 고객사가 되었다.

『Headhunting One Point Tip』

"제비에게 정성을 다하면 호박씨를 물어 온다."

본 사례를 통해서 헤드헌터 업무를 하면서 많은 생각하게 되는 계기가 되었다. 헤드헌터는 후보자들 한 사람 한 사람을 합격 불합격을 떠나서 진심을 다해서 대하다 보면, 고객사도 자연스럽게 개척이 되고, 후보자 하고 신뢰를 바탕으로 좋은 관계를 유지한다면, 결국, 부메랑이 되어 좋은 결과가 돌아온다는 생각을 갖게 되었다. 따라서 좋은 성과를 내고, 고객사를 잘 개척할 수 있는 방법으로 좋은 사례라 할 수 있겠다.

고객사 개척 사례 2. '포기'란 단어는 배추 썰 때만 쓰기로 했다.

본 사례는 콜드 컨택하여 고객사 개척한 사례입니다.

2017년 12월에 콜드컨택으로 OO코리아를 개척하게 되었다.

당시 채용담당을 C주임이 맡고 있었고 포지션 5개 정도를 받게 되었으나, 만남은 고사하고 전화를 통해 포지션에 대한 설명을 듣기도 어려웠다. 심지어 경쟁 서치 펌 수가 15개정도 되어 새로 진입한 헤드헌터의 입장에서는 매우 어려운 상황이었다. 그러다 보니 2018년 3월까지 약 3~4개월 동안 추천은 대략 30여명 했으나, 모두 서류 탈락의 아픔을 겪었다.

가능성이 보이지 않는 상황에서 고객사를 포기할까도 생각했고, 주변의 몇몇 헤드헌터도 다른 곳에 집중하라고 조언을 하였다. 그러다가 2018년 3월말에 P과장이 다른 서치펌을 통해 입사하여 채용담당을 맡게 되었다.

P과장을 입사시킨 서치펌도 있고, 지금까지 석세스 하나도 없는데 과연 OO코리아를 앞으로 계속 고객사로 만들어가야 할지에 대해서 혼란이 오는 최대의 고비가 오는 상황까지 오게 되었다. 그런데 반전이 생기게 된다.

새로 온 P과장은 소통도 빠르고 열린 마음으로 업무를 진행하는 스타일이어서 전화나 카톡, 그리고 한 번의 미팅으로 P과장과 소통되면서 포지션과 회사상황에 대한 이해가 커지게 되었고 4월말에 첫 석세스를 내게 되었습니다. 이후 계속적인 석세스가 이어지고 2018년에 OO코리아에서만 1억 이상의 매출을 올리게 되어 본인 매출의 70%를 차지하는 결과를 내게 되었다.

『Headhunting One Point Tip』

"간절함이 성공을 만든다."

『사례에서 배우는 시사점』

- 간절했다!
- 그만 둘 이유보다는 계속 해야 할 이유를 찾았다.
- 끝날 때까지 끝난 게 아니다. 고로 가끔은 불독이 되어야 한다.

『구체적 시사점』

- 포지션 받으면 ANYTIME 10분 이내 서칭했다.
- 그 당시는 야근의 요정이 됐다.
- 업무시간에는 오로지 일만 했다.

다들 너무 걱정하지 마라.
걱정할거면
딱 두 가지만 걱정해라.

지금 아픈가?
안 아픈가?

안 아프면 걱정하지 말고,
아프면 두 가지만 걱정해라.

나을 병인가?
안나을 병인가?

나을 병이면 걱정하지 말고,
안나을 병이면
두 가지만 걱정해라.

죽을 병인가?
안 죽을 병인가?

안 죽을 병이면 걱정하지 말고,
죽을 병이면
두 가지만 걱정해라.

천국에 갈거 같은가?
지옥에 갈거 같은가?

천국에 갈거 같으면 걱정하지 말고,
지옥에 갈거 같으면
지옥갈 사람이 무슨 걱정이냐?

−성철스님 어록 / 명언−

한 번 더 생각해 보기

원, 투, 쓰리쿠션으로 당하고 보니…

■ **원 쿠션!**

– 퍼포먼스, 엄청 어려운 포지션이라 실무 면접만 통과되면 합격되는 포지션

– 상반기 석세스 시킨 노하우에 어차피 어려우니 다른 거 하다 천천히 서칭하여 오픈된 지 10일 지나서야 이래저래 7인 추천했더니, 면접만 4명!!

– 왜 이리 쉬운가 했더니, 완전 적합하다 생각했던 분도 뭔가 부족하다로 시작하더니 이 분은 이게 조금 안 맞고, 저분은 저게 안 맞고 쭈욱 쭈욱 드롭

– 그래도, 기대했던 마지막 한 후보자가 있었는데 면접 당일 감기몸살이라고 연락이 와 겨우겨우 연기했더니, 급기야 연기한 날 급 회의로 불참한다고 연락 옴

→ 쉬운 건 없다는 평범한 진리를 되새기며, 빨리 잊고 다시 매진하자!

■ **투 쿠션!!**

– 법무+내부감사, 나이 상하한에 연봉 상하한, 그리고 남자… 일정 완전 급한 포지션

– 3일 만에 급 4인 추천하니 더 찾아봐 달라고 하여, 다시 겨우겨우 찾아 2인 추가 추천했더니, 이전 추천자 중에서 2인 면접 요청 받음.

– 괜찮다고 생각한 분으로 바로 합격 통보를 받았고, 시스템으로 간단하게 입력해야 하는게 있어 주말 내로 입력 부탁하였는데, 입력이 안되어서 뭔가 불안하더니, 조용히 연락이 와서 하시는 말씀이… 학력사항에서 편입한 사항을 누락하였다고 하시네요.

→ 속이는 건 언젠가 밝혀지는 법. 설마 싶은 부분도 확인하고 또 확인하자!

■ **쓰리 쿠션 !!!**

– IR+경영지원, 직무 대비 연봉수준이 낮은 포지션
– 완벽한 분이 공고 보고 지원하여, 바로 추천하고 일사천리로 합격! 근데, 연봉 내규가 중요하여 추천 전, 그리고 면접 전에도 확인하고 또 확인했는데, 합격하고 나니, 다른 얘기를 하시네요.
→ 확인하고 확인해도 않되는 일도 있으니 빨리 잊어버리자!

〉〉 쉬우면서도 쉽지 않은 우리의 일,

대비하고 대비해도 예상하지 못했던 별별 상황이 많이 발생하게 됩니다.

너무나 당연한 얘기지만 지나간 것은 빨리 잊고, 좋은 배움의 시간이었다고 생각하고 매진하다 보면 어느새 좋은 결과가 슬며시 곁에 와 있을 겁니다. 파이팅~ᄊ

"쉬우면서도 쉽지 않은 우리의 일"

어느 헤드헌터의 반성… Back to the Basic.

어느덧 헤드헌터를 시작한지 3년차의 시간이 흐르다 보니 잘 한 것도 쌓이고 잘 못 한 것도 쌓이지만, 잘 한 것보다는 잘 못 한 것이 훨씬 더 많습니다. 실패 스토리는 너무나 많은 것들이 있고, 그러다 보니 스스로도 잘 못 한 일들에 대해서 개선할 점들을 계속 찾아왔고 지금도 많은 개선을 진행하고 있습니다.

그러나 디테일한 개선사항을 도출하는 것도 중요하지만 나를 돌아보는 과정을 통해 근원적인 자기혁신을 추구하는 것이 더 나은 방향이라고 생각됩니다. 제가 즐겨 쓰는 방법은 신입 때 교육받은 노트를 5~6개월에 한 번씩 뒤적이는 것입니다.

이미 처음의 시간은 지났기에 초심으로 돌아갈 수는 없기에 기본으로 돌아가는 것이 옳은 방법입니다. 마음자세가 헤드헌팅 업무에 가장 중요한 것이기 때문입니다.

『Headhunting One Point Tip』

"Back to the Basic."

신입 헤드헌터 교육에서 배운 다음과 같은 기본을 점검하면, 나를 돌아볼 수 있고, 더 나은 마음자세와 태도를 가질 수 있습니다.

『Basics of Headhunting』
- 루틴한 업무진행을 유지한다.
- 지속적으로 고객사를 발굴한다.
- 후보자 발굴과 추천은 정량적 기준으로 일을 한다.
- 회사에서는 업무에 집중한다.
- 다른 헤드헌터들과 좋은 관계를 유지한다.
- 고객사와 후보자를 연결하는 전문가가 된다.

Note

콜드콜 고객사 개척시… 좋은 고객사는 무엇일까?

1. 콜드콜 진성 오더인가. 가성 오더인가
– 좋은 고객사란 무엇일까.

지난 1년간 우량 고객사를 만드는 것이 최대의 목표였다. 시간이 날 때마다 콜드콜을 하고 지인 등을 통해 소개를 받았다. 한명도 추천을 못하고 일주일이라는 시간을 버리는 경우, JD가 명확하지 않은 것에 따른 부적합한 후보자 추천 등 여러 시행착오를 겪을 수밖에 없다는 생각이 든다. 무조건 내 진성 고객사를 만들기 위해 시간을 낭비하는 것보다는 과감히 새로운 시장을 바라보는 것도 좋은 방법이라 생각했다. 매일 잡포털 공고를 체크하고, 일주일에 5군데 이상 콜드콜을 했다. 헤드헌터들 중에는 최소한의 노력도 안하고, 이미 등록된 고객사를 쉽게 생각하는 분들도 있는데 진성 오더를 찾기 위해 더 노력하시길 희망한다. 우량고객사로 만들지 못한 것이 실패지만 고객사 개척을 위해 노력은 했다.

2. 합격 후보자의 진심은 무엇인가.

최종합격 하셨습니다. 최종 오퍼에 사인을 하고도, 입사 일주일전에 입사포기 메일 하나를 던지고 사라지는 후보자, "회사 분위기가 별로일 거 같아서…", "연봉이 사실은 맘에 들지 않아서…" 라는 식의 이야기를 뒤늦게하는 후보자…
솔직히 본인의 상황을 다 털어놓는 후보자가 있는 반면, 입사하겠다고 철썩 같이 믿은 후보자가 입사포기를 하면 참 힘이 빠진다.

면접일 한번 변경 → 면접일을 변경한 것은 큰 신호였을까?
"다른 기업 진행하는 곳은 없다." 라는 말은 말하기가 미안해서 였을까?

『Headhunting One Point Tip』

"후보자와 진심어린 커뮤니케이션은
석세스의 필수조건이다."

『사례에서 배우는 시사점』

헤드헌터인 나도 고객사나 후보자에게 선의의 거짓을 전달하기도 하는 것처럼 고객사나 후보자도 마찬가지이다.
무조건 의심을 하자라는 것은 아니지만, 후보자와 좀 더 세심하고 진심을 다해 커뮤니케이션 하는 것이 중요하다.

기타 참고사례

『사례1. 퇴사』 – 후보자가 퇴사를 위한 사직서 제출에 대한 법적사례

본 사례는 후보자가 합격이후 현재 기업의 사직을 위한 퇴사실제사례입니다.

『사례1. 퇴사』

* 現. 회사에서 사직표명 하고 사직하려 하자. 회사에서 만류하고, 회유하는데, 퇴사의지가 강하여 회유가 안되자, 구속력을 행사하기 위해 "손해배상 청구하겠다." 등 하는 상황에서 합법적으로 퇴사할 수 있는 방법은?

* 사직서 제출 후 회사에서 퇴사처리를 안 해줄 경우 최초 퇴사 통보일로부터 1개월경과 시 민법 제660조에 의거하여 회사 사정이나 회사의 동의여부와 상관없이 근로계약 해지 즉 퇴사가 됩니다.

【민법】

■ 제660조(기간의 약정이 없는 고용의 해지통고)
① 고용기간의 약정이 없는 때에는 당사자는 언제든지 계약해지의 통고를 할 수 있다.
② 전항의 경우에는 상대방이 해지의 통고를 받은 날로부터 1월이 경과하면 해지의 효력이 생긴다.
③ 기간으로 보수를 정한 때에는 상대방이 해지의 통고를 받은 당기 후의 일기를 경과함으로써 해지의 효력이 생긴다.

■ 제661조(부득이한 사유와 해지권)
고용기간의 약정이 있는 경우에도 부득이한 사유 있는 때에는 각 당사자는 계약을 해지할 수 있다 그러나 그 사유가 당사자 일방의 과실로 인하여 생긴 때에는 상대방에 대하여 손해배상 하여야 한다.

『Headhunting One Point Tip』

"퇴사 통보 후 1개월간은 근무를 해야 할 법적의무가 있다."

\# 결론 : 민법 제660조의 의미는 퇴사 통보 후 1개월간은 근무를 해야 할 법적 의무가 있다는 뜻이 아니라, 회사에서 1개월간 퇴사 처리를 보류할 수 있다는 뜻입니다, 단, 여기서 1개월 기간의 퇴사일 보류할 수 있다는 것은 직원이 퇴사 전 진행업무의 마무리가 이루어져야 한다는 부분으로 판단할 수 있다. 이 기간을 무시하고 사직서 제출/당장 그만두었을 때는, 회사에서 이에 대한 손해배상을 청구하는 경우도 있다.

Note

V

부록

(1) 서치펌 설립 조건 및 법적 사항

① 서치펌(헤드헌팅업체) 설립 자격요건

직업소개 사업을 목적으로 설립된 상법상 회사로서 납입자본금이 6천만원 이상이고, 임원 2인 이상인 다음 각호의 1에 해당하는 자에 한한다.

- 직업소개사업의 사업소, 직업훈련기관, 학교, 청소년단체, 등에서 직업상담, 직업지도, 직업 훈련 기타 직업소개와 관련 있는 상담업무에 2년 이상 종사한 경력이 있는 자
- 공인노무사법 제8조 1항 규정에 의한 공인노무사 자격을 가진 자. 다만, 공인노무사법 제2조의 직무를 개시하기 위하여 동법 제6조의 규정에 의하여 등록한 자를 제외한다.
- 조합원이 300인 이상인 단위노동조합, 산업별 연합단체인 노동조합 또는 총연합단체인 노동조합에서 노동조합업무 전담자로 2년 이상 근무한 경력이 있는 자
- 상시 사용근로자 300인 이상인 사업 또는 사업장에서 노무관리업무 전담자로 2년 이상 근무한 경력이 있는 자
- 국가공무원 또는 지방공무원으로서 2년 이상 근무한 경력이 있는 자
- 초중등교육법에 의한 교원자격증을 갖고 있는 자로서 교사근무경력이 2년 이상인 자
- 고등교육법에 의한 전문대학·대학·대학원을 졸업한 자 또는 이와 동등 이상의 학력이 있다고 인정되는 자

② 시설기준

- 사무실은 전용면적 20㎡(법인은 33㎡) 이상의 사무실 용도 면적 확보
- 1회선 이상의 전화, 1대 이상의 개인용 컴퓨터, 직업정보관련 도서 및 대기용 의자

③ **신청조건**

㉠대표자 자격(시행령 제21조)

1. 국가기술자격법에 의한 직업상담사 1급 또는 2급의 국가기술자격
   이 있는 자

2. 직업소개사업의 사업소, '근로자직업능력 개발법'에 의한 직업능
   력개발훈련시설, '초·중등교육법' 및 '고등교육법'에 의한 학교
   '청소년기본법'에 의한 청소년단체에서 직업상담·직업지도·직
   업훈련 기타 직업소개와 관련이 있는 상담업무에 2년 이상 종사
   한 경력이 있는 자

3. '공인노무사법' 제3조의 규정에 의한 공인노무사 자격을 가진 자.

4. 조합원이 100인 이상의 단위노동조합, 산업별 연합단체인 노동조
   합 또는 총연합단체인 노동조합에서 노동조합업무전담자로 2년
   이상 근무한 경력이 있는 자

5. 상시근로자 300인 이상의 사업 또는 사업장에서 노무관리업무전
   담자로 2년 이상 근무한 경력이 있는 자

6. 국가공무원 또는 지방공무원으로서 2년 이상 근무한 경력이 있는
   자

7. '초·중등 교육법'에 의한 교원자격증을 가지고 있는 자로서 교사
   근무경력이 2년 이상인 자

8. '사회복지사업법'에 따른 사회복지사 자격증을 가진 사람

* 무료의 경우

1. 그 설립 목적 및 사업내용이 무료직업소개사업에 적합하고,

2. 당해 사업의 유지·운영에 필요한 조직 및 자산을 갖춘 비영리 법인
   또는 공익단체로 한다.

㉡ 상담사 조건

상담원 1인 이상 있을 것(법 제22조)

* 다만, 유료직업소개사업을 하는 사람과 동거하는 가족이 본문에
따른 직업상담원의 자격을 갖추고 특정 사업소에서 상시 근무하는

경우에 해당 사업소에 직업상담원을 고용한 것으로 보며, 유료직업소개사업을 하는 자가 직업상담원 자격을 갖추고 특정 사업소에서 상시 근무하는 경우에 해당 사업소에는 직업상담원을 고용하지 아니할 수 있다.

- 상담원 자격–시행규칙 제19조(직업상담원)
  1. 소개하려는 직종별로 해당 직종에서 2년 이상 근무한 경력이 있는 사람
  2. '근로자직업능력 개발법'에 다른 직업능력개발훈련시설, '초·중등교육법' 및 '고등교육법'에 따른 학교, '청소년기본법'에 따른 청소년단체에서 직업상담, 직업지도, 직업훈련, 그 밖에 직업소개와 관련이 있는 상담업무에 2년 이상 종사한 경력이 있는 사람
  3. '공인노무사법'에 따른 공인노무사
  4. 노동조합의 겁무, 사업체의 노무관리업무 또는 공무원으로서 행정 분야에 2년 이사 근무한 경력이 있는 사람
  5. '사회복지사업법'에 따른 사회복지사
  6. 삭제〈2012.6.5.〉
  7. '초·중등교육법'에 따른 교원자격증을 가진 사람으로서 교사 근무 경력이 2년 이상인 사람 또는 '고등교육법'에 따른 교원으로서 교원 근무 경력이 2년 이상인 사람
  8. 직업소개사업의 사업소에서 2년 이상 근무한 경력이 있는 사람
  9. '국가기술자격법'에 따른 직업상담사 1급 또는 2급

* 법 제38조, 제1호·제2호·제4호 또는 제6호에 해당하는 사람을 고용하여서는 아니된다.

④ 등록절차

▶ 자격조회

기관별	조회사항	비고
전국시군구 **〈식품위생과〉**	겸업금지(직업안정법제26조)→식품접객업, 숙박업	회신없을 시 '해당사항없음' 간주처리
전국시군구 **〈직업소개업 관련과〉**	허가취소경력(직업안정법제38조 6호)	
전국시군구 **〈결혼중개 관련과〉**	겸업금지(결혼중개업의 관리에 관한 법률 제7조)	
등록기준지 민원부서 **〈00시군읍면 민원여권과〉**	금치산자, 한정치산자, 수형사실 등 신원조회 (직업안정법제38조 1호 2호)	회신요망
경찰서 **〈수사과〉**	범죄경력(직업안정법제38조 3호, 4호, 5호)	

▶ 현장확인

항목	관련법조항	확인내용	비고
가. 직업소개사업의 등록요건 (1) 대표자 및 직업상담원 : 000경력 2년 이상 (2) 개인의 경우 2개 이상의 사업소 허가 불가	시행령 제21조 시행규칙 제19조 시행령 제21조	경력증명서 전국 조회 (해당없음)	적합
나. 직업소개사업소의 명칭 표시 (사업소의 명칭에 은행, 공급용역, 복지 등 사용금지)	시행규칙 제21조	000	적합
다. 종사자 자격제한	법 제22조 제1항	해당없음	적합
라. 사업자 및 종사자 겸업 금지	법 제26조	전국조회	적합
(식품접객업, 숙박업)		결과 저촉 없음	
마. 손해배상 책임의 보장 (사업소별 1천만원 이상 예치 또는 보증보험 가입)	시행령 제34조의 2	보증보험가입- 금액 1천만원	적합
바. 신청서 첨부서류 기타사항 검토 (1) 종사자 명부 (2) 사무실 전용면적	시행규칙 제17조 시행규칙 제18조	업무분담 적정여부 사무실(20㎡ 이상) :00㎡확보	적합

3. 유료직업 소개 사업 신규등록 처리 알림: 전국 시군구 세무과

등록증 교부: 등록증 +직원명단(사진포함)

*면허세 5,000원 납부(세무과)

⑤ 기타 법적조항

▶ 겸업금지(법 제26조)

식품접객업 또는 숙박업을 경영하는 자는 유 · 무료 직업소개사업을 할 수 없다.

결혼중개업 겸업금지

▶ 손해배상책임(법 제34조의2, 시행령 제34도의 2)

1. 국내유료직업소개사업자는 사업소별로 1천만원, 국외유료직업소개사업자는 1억원, 국외근로자공급사업자는 2억원을 금융기관에 예치하거나 보증보험에 가입하여야 한다.

※ 단, 국외 연수생만 소개하는 국외유료직업소개사업자의 경우에는 5천만원

2. 예치금의 예치기간 또는 보증보험의 보증기간이 만료되는 때에는 당해 기간의 만료일까지 제1항의 규정에 의한 금액을 다시 금융기관에 예치하거나 보증보험에 가입하고 10일 이내에 그 증빙 서류를 등록관청 또는 허가관청에 제출하여야 한다.

시설기준(시행규칙 제18조)

전용면적 20제곱미터(법인의 경우에는 33제곱미터) 이상의 사무실

▶ 사업자 등록요건

사업자등록은 99년 8월 이후로 간소화되어 다음의 요건을 충족시킨 뒤 각 구청에 등록하면, 약 1주 후에 등록증이 발급된다. 등록증이 나오면 관할 세무서에 가서 사업자등록을 한다. 법인일 경우에는 상업등기소에 법인 설립을 한 후 상기 절차를 거치면 된다.

▶ 국내 유료직업소개사업 등록안내

- 등록신청서1부(시행규칙 제14호 서식)
- 사업계획서 1부(시행규칙 제8호 서식)
- 사업자 대표의 이력서 1통, 사진2매(2.5×3)
- 임대차 계약서(임대건물), 위치도 및 평면도(면적확인 가능한 것)
- 법인등기부 등본 및 정관 각1부
- 자산상황서 1부
  - 사무실, 자본금, 예치금, 저축액, 현금, 전화, 컴퓨터, 전문도서, 집기 등 기타자산
- 대표자, 임원, 직업상담원의 이력서 및 자격확인서 각1부
- 종사자별 업무분담표 및 종사자명부 각 1부
- 3년 간의 보증보험(일천만원) 예치증서
- 대표자, 임원, 직업상담원, 일반종사원의 신원조회를 위한 대상자 명단(양식별도)
  - 성명(한글, 한자), 본적, 주민등록번호, 주소, 호주와의 관계 등
- 시설 기준
  - 사무실은 전용면적 20㎡(법인은 33㎡) 이상의 사무실 용도 면적 확보
  - 1회선 이상의 전화, 1대 이상의 개인용 컴퓨터, 직업정보관련도서 및 대기용 의자
- 허가 기간 : 3년(갱신가능)

▶ 손익분기점 예측 및 수익률 계산방법

- 예상수입 · 수수료 · 예상지출
- 고정비용
  - 임대/관리비 - 인건비 - 통신/광열비
- 변동비용
  - 직원상여 -영업/잡비 등
  - IRR(내부수익율법) -NPV(순현재가치법)

(2) 고용노동부 고용서비스우수기관 인증제도

- 고용노동부는 양질의 고용서비스 품질을 담보하기 위해 민간고용서비스 기관의 체계적 구인·구직 관리, 종사자의 전문성, 고객만족도 등을 평가, 우수기관을 발굴·선정하고, 해당 고용서비스 기관이 제공하는 서비스가 일정 기준에 부합한다는 것을 공식적으로 인증하는 제도를 운영하고 있다.

- 고용서비스우수기관 인증제도는 2008년에 도입되었다. 도입 이후, 2019년 말까지 약 10년 이상이 지났음에도 불구하고, 국내 서치펌 1,800개 중 고용노동부 고용서비스우수기관으로 인증을 받은 서치펌은 겨우 10여개에 불과하다.

- HR 컨설팅(주)은 '운영활동, 업무프로세스, 인적자원관리, 물적 환경관리(직업소개사업), 정보관리(직업정보제공사업), 성과 등을 검토하는 서류심사 및 현장실사를 거쳐 2015년에 인증을 획득하고, 현재까지 고용서비스우수기관으로서 양질의 서비스를 제공하고 있다.

- 고용서비스 우수기관으로 인증을 받으면, 3년간 고용노동부장관 명의의 우수기관 인증마크(사진)를 사용할 수 있으며, 정부의 고용관련 민간위탁사업 선정 시 고용서비스 우수기관을 우대조치 할 수 있다. 아래는 해당 인증마크와 이 마크를 득한 HR컨설팅 社의 로고이다.

고용서비스우수기관 인증 마크와 인증 받은 HR컨설팅

출처 : 고용노동부 고용정보원 / HR컨설팅(주) 홈페이지

※ 2019년 고용노동부 고용서비스 우수기관 현황

연번	기관명	대표자	구분	지역	비고
1	(사)경남고용복지센터 무료직업소개소	정 동 화	무료	경남 창원시	재인증
2	(사)국제직업능력개발교류협회 무료직업소개소	최 성 오	무료	서울시 서초구	신규
3	(사)여성자원금고 (강서여성인력개발센터)	김 근 화	무료	서울시 강서구	재인증
4	(사)여성중앙회 종로여성인력개발센터	김 영 남	무료	서울시 종로구	재인증
5	(사)청년여성문화원 서초여성인력개발센터	이 한 승	무료	서울시 서초구	신규
6	(사)한국고용복지센터 (의정부동점)	배 영 봉	무료	경기도 의정부시	재인증
7	(재)충청북도지방기업진흥원 충북일자리지원센터	연 경 환	무료	충북 청주시	재인증
8	김해기독교여자청년회(YWCA) 여성인력개발센터	강 교 자	무료	경남 김해시	재인증
9	서울기독교여자청년회(YWCA) 노원여성인력개발센터	강 교 자	무료	서울시 노원구	재인증
10	칠곡상공회의소 무료직업소개소	정 영 출	무료	경북 칠곡군	신규
11	㈜동남개발잡	강 희 조	유료	부산시 사하구	신규
12	㈜두원아이앤씨	김 두 희	유료	부산시 사상구	신규
13	㈜에듀인잡컨설팅	권 오 승	유료	부산시 남구	재인증
14	㈜유앤파트너즈	유 순 신	유료	서울시 강남구	재인증
15	㈜잡인피플컨설팅	박 명 순	유료	부산시 금정구	재인증
16	㈜제니엘 부산지점	박 춘 홍	유료	부산시 부산진구	신규
17	㈜제니엘 성남지점	박 춘 홍	유료	경기도 성남시	신규
18	㈜제니엘 인천북부지점	박 춘 홍	유료	인천시 부평구	신규
19	㈜제니엘 인천지점	박 춘 홍	유료	인천시 남동구	신규
20	㈜티이에스	이 봉 주	유료	서울시 강남구	신규
21	주식회사 효플러스	전 수 길	유료	서울시 광진구	재인증

※ 2018년 고용서비스 우수기관 현황

부문	구분	연번	기관명	대표자	지역
직업소개사업	재인증 (무료)	1	(사)대한노인회 도봉 통합취업지원센터	고 두 중	서울 도봉구
직업소개사업	신규 (무료)	2	(사)한구고용복지센터 남양주점	배 영 봉	경기 남양주시
직업소개사업	신규 (무료)	3	(사)한국고용복지센터 성남점	배 영 봉	경기 성남시
직업소개사업	신규 (무료)	4	구로여성인력개발센터	서 정 연	서울 구로구
직업소개사업	재인증 (무료)	5	보령여성인력개발센터 무료직업소개소	김 인 자	충남 보령시
직업소개사업	신규 (무료)	6	부산희망리본직업상담 센터	정 웅 현	부산 연제구
직업소개사업	재인증 (무료)	7	부천여성인력개발센터 무료직업소개소	오 희 승	경기 부천시
직업소개사업	신규 (무료)	8	사상여성인력개발센터	김 나 연	부산 사상시
직업소개사업	신규 (무료)	9	사회적협동조합희망리본	고 혜 정	강원 춘천시
직업소개사업	재인증 (무료)	10	시흥여성인력개발센터	최 정 은	경기 시흥시
직업소개사업	신규 (무료)	11	은평여성인력개발센터	임 정 진	서울 은평구
직업소개사업	신규 (무료)	12	인천서구여성인력개발 센터	조 민 정	인천 서구
직업소개사업	재인증 (무료)	13	전라북도장애인복지관 무료직업소개소	정 호 영	전북 전주시
직업소개사업	재인증 (무료)	14	충북여성새로일하기지 원본부	오 경 숙	충북 청주시
직업소개사업	신규 (무료)	15	㈜명은커리어	조 찬 희	경기 고양시
직업소개사업	신규 (유료)	16	㈜미래고용정보	김 성 남	경기 김포시
직업소개사업	재인증 (유료)	17	㈜아데코코리아	손 상 혁	서울 강남구
직업소개사업	재인증 (유료)	18	㈜유니코써치	김 혜 양	서울 강남구
직업소개사업	신규 (유료)	19	㈜일로이룸 대구취업지원센터	이 정 예	대구 북구
직업소개사업	신규 (유료)	20	㈜잡스토리수영구지점	정 명 순	부산 수영구
직업소개사업	신규 (유료)	21	㈜코비아컨설팅	오 견 성	서울 서초구

직업소개사업	재인증 (무료)	22	㈜한국커리어잡스	유 인 순	충남 천안시
직업소개사업	재인증 (무료)	23	㈜한신인력개발직업소개 소	이 원 장	서울 강동구
직업소개사업	재인증 (무료)	24	두리잡인력파출	김두일	경기 성남시
직업소개사업	재인증 (무료)	25	레몬취업	이종득	경기 안양시
직업소개사업	재인증 (무료)	26	에이치알컨설팅㈜	전용화, 강정대	서울 강남구
직업소개사업	신규 (무료)	27	주식회사 휴먼잡트러스 트	임명섭	인천 연수구

(3) 각종 실무 양식

REFERENCE

2020. 01. 01

1. 후보자 : 홍 길 동   (1980년)

2. Position : O O O

3. 확인자 : 강 O O

#. 인성역량
- ■
- ■

#. 리더십역량
- ■
- ■

#. 업무역량
- ■
- ■

#. 평판
- ■
- ■

#. 성격/성향
- ■

#. 종합의견
- ■
- ■

상기 내용은 사실과 틀림이 없습니다.
참고바랍니다.

HR컨설팅㈜ 컨설턴트 강 정 대 배상

[후보자 인터뷰 일지]

담당 헤드헌터 :   일 시 :   년 월 일

■ 기본인적사항

성   명 :   생년월일 :   년 월 일
최 종 경 력 :   최종학력 :

■ 인터뷰 내용

1. 현재 진행 중인 회사 / Position?

2. 원하는 회사 / Job Position / 지역?

3. 현재연봉 / 희망연봉

4. Open된 Position에서의 업무 수행 경험?

5. 자신의 업무상 강점 및 핵심역량

6. 자신의 성격의 장 · 단점은?

7. 이직 사유

8. Reference

9. 건강정보

10. 후보자 요청 / 질문사항

채용 확인서

이　　　름 : 홍길동

부　　　서 : HR팀

직 급 / 직 책 : 차장 / 팀장

연　　　봉 : 6,000만원 /　　　년

출 근 일 자 : 2020년 01월 01일

상기인을 위 조건으로 채용하기로 확인함.

2019년 12월 20일

HR컨설팅㈜　대표이사 강 정 대　(인)

입 사 확 약 서

이   름 : 홍길동

주민등록번호 :

주   소 : 차장 / 팀장

연   락   처 : 010-1234-5678

부   서   명 : HR팀장

직   급 : 차장

출 근 일 자 : 2020년 01월 01일

위 본인은 2020년 01월 01일부터 HR컨설팅㈜에 입사하기로 확약함.

2019년 12월 20일

입사자 : 홍 길 동 (인)

HR컨설팅㈜ 대표이사 귀중

Invoice 요청서

담당	임원	대표

담당헤드헌트	열 심히
세금계산처 요청날짜	2020년 01월 10일
출근자 정보	
이름	지 원자
생년월일	1980년 05월 23일
성별	남
최종학력	Kaist 대학원 석사
전공	경영정보
경력기간	10년 4개월
재직회사 수	3회
써칭 출처	인재DB
회사 정보	
회사명	채용기업
사업자등록번호	123-45-67890
대표자 성함	전 성공
업종	정보통신
기업구분	1)소기업 2)중소기업 3)대기업 4)외국계
부서	계발부
직무	소프트웨어 개발
직급/직위	차장
근무지	경기도 분당구 수정동
전자세금계산서 정보	
담당자	이 대로 사원
이메일 주소	ww@skco.com
전화번호	010-1234-5678
Invoice 정보	
연봉	₩62,000,000
수수요율	20%
수수료	₩12,400,000
코웍여부	1)단독 2)코웍
코웍헤드헌터	홍 길동 상무
출근일짜	2020년 01월 01일
비 고	사업자 등록증 사본 첨부

HR Consulting SEARCH AGREEMENT

Date : THIS AGREEMENT is entered into as of April 26, 2013

Parties : 4Fl. 139, Teheran-ro, Gangnam-gu, Seoul, Korea

HR Consulting Co., LTD, Seoul, Korea with an office at 5floor, Sinjungang Bldg, 139,TeheranRo, Kangnam-gu, Seoul , Korea ("Company").

NOW, THEREFORE, in consideration of the premises and mutual agreements herein, ABC Korea and Company agree as follows:

1. ABC Korea contracts with Company (on a contingency basis) whereby Company is to recruit individuals ("Recruits") on behalf of ABC Korea, for the position/s described in Attachment A hereto (the "Position/s").

2. In performance hereof, the Company will present Recruits whose qualifications match the requirements for the Position/s as set forth;

3. Service Fees

(a) ABC Korea will pay Company service fees, of which each amount is determined by the successful Recruit's total first year base salary including all bonuses before tax ("A") as defined below;

i) A x 15% if A is less than KRW 30,000,000
i) A x 20% if A is greater than or equal to KRW 30,000,000

(b) ABC Korea pays the above service fees including VAT with cash (or ready cash) within seven (7) days after receiving invoice from Company. Company issues the invoice within seven (7) days after the candidate(s) recommended by Company start(s) to work in ABC Korea.

4. The parties agree that:

(a) For an individual to be considered a "presented recruit" for purposes of and subject to this Agreement, Company must have contacted the individual, matched the Recruit's general qualifications to the stated applicable Position/s, and with the Recruits' knowledge and permission, identified the Recruit to ABC Korea by providing his/her qualifications in writing and including a resume (delivered on Company's letterhead) with the Recruit's detailed work history, educational background and compensation history.

(b) Within five (5) days after ABC Korea receives the documents of the candidate(s) from the Company, ABC Korea must notify the Company whether ABC Korea will interview the candidate(s). Within five (5) days after ABC Korea interviews the candidate(s), ABC Korea must notify Company again whether ABC Korea will hire the candidate(s).

5. Alternative recommendations and refund

(a) Provided that ABC Korea has paid Service Fees, in the event of resignation by the Recruit within three (3) months following that Recruit's employment with ABC Korea, ABC Korea should inform the fact to Company within a week. And Company will present to ABC Korea at no additional charge another qualified Recruits to replace the terminated Recruit.

(a) In the case of any difference between salaries due to

the replacement, ABC Korea should pay (or be paid) the difference.

(a) In the event of termination of the Recruit's employment by ABC Korea, or in the case of ABC Korea's expression that the replacement is not needed, Company will not present any recruit.

6. Company should do all its best to recruit and recommend the right fit, and sincerely respond to requests of ABC Korea.

7. The duty of Company is completed as soon as the Recruit(s) start(s) to work for ABC Korea.

(a) Company agrees that, without the approval of ABC Korea, it will not hire or solicit for any ABC Korea employees or partners whom ABC Korea has hired through the Company's recruiting efforts, during the term of this Agreement and continuing for a period of twelve (12) months thereafter. If Company breaks this regulation, Company should return all service fees to ABC Korea. ABC Korea agrees that, without the approval of Company, it will not hire or solicit for employment with any Recruits that the Company has recommended during the term of this Agreement and continuing for a period of twelve (12) months thereafter. If ABC Korea breaks this regulation, ABC Korea should pay all service fees defined above to Company.

(a) Other matters not written in this agreement follows the general, reasonable custom.

8. This Agreement shall be effective as of April 26, 2013 and shall terminate on April 26, 2014. And the term hereof continues to be automatically extended for a year unless ABC Korea gives Company a notice of cancellation of this agreement through expressed, written, or other agreements executed by authorized representatives of both parties, at least seven (7) days in advance of the expiration date.

9. This Agreement shall be construed, governed and enforced in accordance with the internal laws of Republic of Korea. The Seoul Central District Court will have the exclusive jurisdiction. If any term or provision of this Agreement is found by a court of competent jurisdiction to be invalid, illegal or otherwise unenforceable, the same shall not affect the other terms or provisions hereof or the whole of this Agreement, but such term or provision shall be deemed modified to the extent necessary in the court's opinion to render such term or provision enforceable, and the rights and obligations of the parties shall be construed and enforced accordingly, preserving to the fullest permissible extent the intent and agreements of the parties herein set forth.

HR Consulting Co., LTD   ABC Korea,

_____   _____
Signature   Signature

_____   _____
Chun Yongwha   Jyungdae Kang

President   President

_____   _____
Date of Signature   Date of Signature